中国名村志文化工程
Culture Project of Local Records of China's Famous Villages

U0788053

李家疃村志

LOCAL RECORDS OF LIJIATUAN

山东省淄博市周村区王村镇李家疃村志编纂委员会　编

方志出版社
Publishing House of Local Records

图书在版编目（CIP）数据

李家疃村志 / 山东省淄博市周村区王村镇李家疃村志编纂委员会编 . -- 北京：方志出版社，2017.12

（中国名村志丛书）

ISBN 978-7-5144-2784-4

Ⅰ. ①李… Ⅱ. ①山… Ⅲ. ①村史—淄博 Ⅳ. ① K295.25

中国版本图书馆 CIP 数据核字（2017）第 305086 号

·中国名村志丛书·

李家疃村志

编　　者： 山东省淄博市周村区王村镇李家疃村志编纂委员会
责任编辑： 罗　滔

出 版 人： 冀祥德
出 版 者： 方志出版社
地址　北京市朝阳区潘家园东里 9 号（国家方志馆 4 层）
邮编　100021
网址　http://www.fzph.org
发　　行： 方志出版社图书经销中心
电话　（010）67110500
经　　销： 各地新华书店
排　　版： 北京纺印图文设计制作有限公司
印　　刷： 北京中科印刷有限公司

开　　本： 787 × 1092　1/16
印　　张： 13.75
字　　数： 271 千字
版　　次： 2017 年 12 月第 1 版　2017 年 12 月第 1 次印刷

ISBN 978-7-5144-2784-4　**定价：** 110.00 元

◉ 序一

连绵不断地编修地方志是中国独有的优秀文化传统，承担着赓续文明、传承文化的重任。保存至今的 8000 余种、10 万余卷历代方志，蕴含着传统文化基因和海量文化信息，既是中华优秀传统文化的重要组成部分，又是传承、彰显中华优秀传统文化的重要载体。

在各种类型的地方志编纂中，村志编纂古已有之，但从未进入国家层面的地方志编纂序列。新中国成立以来，党中央、国务院高度重视包括村志编纂在内的地方志工作，出台了重要文件。中央领导发表了重要讲话、作出了重要批示。习近平总书记高度重视包括村志编纂在内的地方志工作。2004 年 10 月，他在担任浙江省委书记时到江山市凤林镇白沙村考察，看到村民编纂的《白沙村志》，鼓励村民把村志继续编纂下去。2014 年 4 月，刘延东副总理在与第五次全国地方志工作会议部分会议代表座谈时指出："要结合发展的新形势，加强对地方志包括部门志、行业志、专题志、乡镇村志编纂的业务指导和服务。"2015 年 8 月，国务院办公厅印发的《全国地方志事业发展规划纲要（2015—2020 年）》，正式将中国名村志文化工程列为主要任务之一。2017 年 5 月，中共中央办公厅、国务院办公厅印发的《国家"十三五"时期文化发展改革规划纲要》指出："完成省、市、县三级地方志书出版工作。开展旧志整理和部分有条件的镇志、村志编纂。"可以说，村志编纂迎来了历史上的最好时期。

农业、农村、农民"三农"问题，是数千年来影响中国社会发展最核心的问题。中共中央高度重视"三农"工作，从 2004 年起，连续 13 年，每年的中央 1 号文件都聚焦"三农"。中共十九大报告更是提出"农业农村农民问题是关系国计民生的根本性问题，必须始终把解决好'三农'问题作为全党工作重中之重"，特别是提出了"乡村振兴战略"，这是中国共产党在中国特色社会主义进入新时代后，对农村发展问题所做出的准确把握和与时俱进的战略应对，是建设中国特色社会主义强国战略的重要组成部分。改革开放近40年来，在党中央、国务院高度重视社会主义新农村建设的新形势下，各地涌现出一大批历史文化名村、经济强村、新农村建设示范（试点）村、美丽乡村和特色村，成为先进生产力和先进文化的代表。客观记录中国农村全面建成小康社会的进程，向后人展示在中国共产党领导下农村千年未有的巨变，是地方志工作者肩负的光荣而重大的历史使命。编纂中国名村志丛书，是记载当代中国农村发展变革的重要途径。

文化寻根，寻的是其发展的源头和根基。村落是中国传统文化的根基所在。农村的生产生活方式、社会规范、宗族文化、宗教文化、民风习俗、传统节日、民间艺术等，无不镌刻着中国人独特的民族性格，这就是家国情怀、文脉绵延、精神归属。在快速城镇化进程的冲击和开发性破坏下，大量传统村落面临消亡的危机，村落蕴含的历史文化信息也流失殆尽，抢救性保护刻不容缓。编纂中国名村志丛书，是保存村落历史文化信息，抢救、保护村落文化最好的方式。

一方水土养一方人。家乡的山水草木、村间小巷、乡俗民情会在每个人心头留下深刻的烙印，这就是故土情结。而村落的形成与发展离不开人的活动。编纂中国名村志丛书，通过记述村落建筑、名门望族来追溯村落的历史；通过记述村落规模、布局、人口、物产等反映人口来源、宗族兴衰、生活习惯、文化背景、宗教信仰、经济发展等，体现环境与人相互影响、相互作用、相互发展的既矛盾又统一的关系；通过记述戏剧、音乐、舞蹈、美术、文学、手工技艺等文化形式，展示百姓在长期的生产生活实践中摸索和总结出的智慧结晶，强化人们沟通感情的纽带。编纂中国名村志丛书，是传承乡俗、诉说乡音、记住乡愁、纾解乡思，激活历史传统、唤起共同文化记忆、塑造共同心灵认同的重要文化工程。

中国名村志文化工程以践行文化自信、传承中华文脉、彰显时代发展为己任，以打造全国地方志系统的重要品牌为目标，在体裁运用、篇目设置、资料选择等方面进行大量的创新，突出“名”和“特”，拣选各个名村中最值得记述、最具有代表性的人、事、物，予以浓墨重彩的描画，从而形成系列的、高质量的、可读性强、雅俗共赏的地方志读本，让地方志紧接地气、贴近百姓，让地方志成果进入寻常百姓家，让人民群众共享地方志成果，让越来越多的人从地方志中感知传统、历史和记忆，成为传统村落和传统文化的守护者，成为中华优秀文化的传承者。

是为序。

中国社会科学院院长
中国地方志指导小组组长　王伟光
2017年11月

◉ 序二

习近平总书记指出："让居民望得见山，看得见水，记得住乡愁。"这句富有诗意的重要论述不仅唤醒了中国人城镇化建设过程中对于人和自然关系、人和历史关系的思考，同时也引发了学界对"乡愁"进一步进行文化意义解读的兴趣。从本质上看，乡愁是一种源自主体体验的情感，隐含了一种人们带着乡愁追寻自我生存与生命意义、追寻诗意栖居的精神家园的美学思辨。同时，这种追寻自我生存的主体逐渐转向大众群体，乡愁也由传统单一的"文化乡愁""爱国情怀"演变为对于"理想家园"的精神追求。

中国有近 60 万个村庄，约有 5000 个古村落，被住房城乡建设部和国家文物局界定的传统村落就有 1561 个。随着中国城镇化步伐的加快，乡村的版图日渐凋敝，大批农村青壮年劳动力走进城镇，融入了新的生活。然而，每逢传统佳节，那种挥之不去的离愁别绪挟裹着亿万农民工，又融入了返乡的滚滚洪流。这是乡愁的情愫牵动着他们，是故乡的山、故乡的水、故乡的老屋、故乡的小吃在牵动着他们，是故乡家家户户的楹联和口口相传的故事，以及只有在隆重的传统佳节才有的古老的民风习俗在牵动着他们。

文化可以体现一个民族、一个国家、一个社会的重量与体温，这是文化的力量之所在，而村落是传统中国的根脉所系，乡土社会是最能够体现中国传统文化特征的地方。梁漱溟曾指出："中国文化是以乡村为本，以乡村为重，所以中国文化的根就是乡村。"我曾在《建设社会主义新农村的理论与实践》一书中指出，在新农村建设的过程中，必须"保护和发展有地方和民族特色的优秀传统文化，创新农村文化生活的载体和手段，满足农民群众多层次、多方面的精神文化需求"，而编纂村志尤其是实施中国名村志文化工程就是一个重要举措。实施中国名村志文化工程，编纂中国名村志丛书，以最基层的村落为研究对象，寻根传统村落的历史，梳理村落的发展脉络，以唤起人们的归属感和认同感，探索新型城镇化和社会主义新农村建设过程中，如何留住乡音、乡风、乡思，继承传统文化精华，挖掘丰富历史智慧，是贯彻落实中央城镇化工作会议精神和中共十九大提出的“乡村振兴战略”的重要举措，是当前和今后一个时期全国地方志工作者的重要工作。

虽然村落文化正在日益远离当下生活，但我们可以抓住诸如基本村情、文物胜迹、古村保护、特色文化、旅游名胜、村域经济、风土民情、村民生活、新农村建设、艺文杂记、名人与名村等关键内容，通过志书的手法来诠释乡村文化的精华。我们如实记录着村落里的人和事，以及青山绿水、小河大树、袅袅炊烟，力争以最完整、最原真的方式呈现村落的前世今生。我们要为“迷失”的人留住乡村文化的根脉，让人们难以割舍的乡愁得以慰藉和释放。

中国名村志文化工程将触角伸向那些极具代表性的村落，它们有的历史悠久、名人辈出，有的经济腾飞、重获新生，有的风景秀丽、景观独特，有的地处边陲、神秘莫测……我们挖掘中国不同类型村落的发展之路，为探索新型城镇化和社会主义新农村建设的发展经验、发展模式、前进道路提供历史智慧和现实借鉴。因此，打造以重在表现乡村嬗变为主旨的中国名村志丛书十分必要和迫切，这是一项功在当代、利在千秋的文化工程。

近年来，随着中国经济社会的发展和国际地位的提高，越来越多的人想要认识中国、了解中国、研究中国。在这样的形势下，乡村是不可或缺的一环，我们要集中讲好发生在乡村的故事，向世界呈现一个多元的、立体的中国。乡村历经岁月变迁的风雨，见证着改革开放的步伐，寄托着数代中国人的情感。发生在乡村的故事无疑是血肉丰满的、震撼人心的、引起共鸣的。我们应该有这个自信能够讲好乡村故事，讲好中国故事，描绘出中国的底色，“让每一个中国人都能在地方志中找到自己的位置”。

可喜的是，越来越多的有识之士认识到了这一点，加入到保护、传承、发展村落文化的队伍中来。仅就编纂中国名村志丛书来看，第一批的申报范围就涵盖包括香港特别行政区在内的 32 个地区，申报数量高达 70 余部。“直笔著信史，彰善引风气，为当代提供资政辅治之参考，为后世留下堪存堪鉴之记述”，这是我们的初心和使命。希望中国名村志文化工程的实施，能够带动更多的人关注中国乡村文化，为社会主义文化强国建设作出更大的贡献。也希望越来越多的名村都来融入继承中华文化传统、颂扬中华传统文化的活动中，让正能量更多地润泽温暖人们的心灵，让更多的人“记得住乡愁”！

是为序。

中国社会科学院副院长
中国地方志指导小组常务副组长
2017 年 11 月

◉ 山东省淄博市周村区王村镇李家疃村志编纂委员会

主　任　邓永荣　史道林

副主任　史道民

委　员　王荣顺　朱凤英

◉ 山东省淄博市周村区王村镇李家疃村志编纂人员

特邀编审　徐　杰　徐秋明

主　　编　王焕尧

编　　辑　王荣亨　王荣元　王荣勇

图片摄影　王焕尧　王荣亨　王　军

酒店胡同内景（2004 年）

王荣亨　摄

◉ 中国名村志丛书凡例

一、以马克思列宁主义、毛泽东思想、邓小平理论、“三个代表”重要思想、科学发展观、习近平新时代中国特色社会主义思想为指导，坚持辩证唯物主义和历史唯物主义的立场、观点和方法，存真求实，全面、客观、系统记述我国村落发展变化进程和改革开放成果，传承和抢救乡土历史文化，激发爱国爱乡情怀，为探索中国特色新型城镇化建设、社会主义新农村建设的发展经验、发展模式、前进道路提供历史智慧和现实借鉴。

二、为全面反映入志事物发展脉络，各志上限尽量追溯至事物发端；下限一般断至各村志启动编修年份，个别重大事项可延至搁笔。

三、记述地域范围以下限年份的行政辖区为主。为体现名村在更大区域内的意义，可以从更开阔的区域视野记述与该村相关的内容。

四、统一采用纲目体，设类目、分目、条目三个层次。横排门类，纵述史实。除《中国名村志丛书基本篇目》要求的必设类目外，其余类目根据各村实际，依照突出时代特色、地方特色的原则自行安排。

五、综合运用述、记、志、传、图、表、录等各种体裁，以志体为主。

六、除引用文字和附录文献资料外，统一使用规范汉字及现代语体文记述体。记事坚持秉笔直书、述而不作，只记事实，不作评论，寓观点于材料之中。行文力求朴实、严谨、简洁、流畅、优美，具有较强可读性。

七、人物部类遵循“生不立传”原则，人物传主按生年排序，只选录对本村发展有重大影响的人物，不面面俱到。

八、所需数据一般采用政府统计部门数据，无政府统计部门数据时选用主管部门正式提供的数据。

九、数字用法、标点符号、计量单位分别执行国家标准《出版物上数字用法》（GB/T 15835—2011）、《标点符号用法》（GB/T 15834—2011）、《国际单位制及其应用》（GB 3100—1993）和《有关量、单位、符号的一般原则》（GB 3101—1993）。历史上使用的计量单位，如斗、石、里、尺、磅、华氏度等，在引文时可照录。考虑到社会使用习惯，全书中亩不统一换算，1 公顷＝ 15 亩。

十、自中华民国成立后的纪年，均使用公元纪年。志中所称“解放前（后）”，以当地解放日为界；“新中国成立前（后）”，以中华人民共和国成立日 1949 年 10 月 1 日为界；“改革开放前（后）”，以中共十一届三中全会召开的 1978 年 12 月为界。本志“×× 年代”，凡未加世纪者，均指 20 世纪的年代。

十一、为节省篇幅，避免重复，本志采用条目互见法。参见条目的表示形式为：参见本志“×× 类目 · ×× 分目 · ×× 条目”。

十二、对旧志、古籍中的繁体字、冷僻字一般用简化字或通用字替换，易引起误解的则保留。

十三、记述各个历史时期的党派、机构、职务、地名等，均以当时的名称为准。对频繁使用的名称，首次用全称，其后用简称。

十四、各村志需要单独说明的事项，均在各自编纂始末中记述。

李家疃村在中国的位置

乌鲁木齐
新疆维吾尔自治区
西藏自治区
拉萨
青海省
西宁
甘肃省
兰州
宁夏回族自治区
银川
内蒙古自治区
呼和浩特
黑龙江省
哈尔滨
吉林省
长春
辽宁省
沈阳
北京
北京市
天津
天津市
河北省
石家庄
山西省
太原
陕西省
西安
河南省
郑州
山东省
济南
周村区
李家疃村
江苏省
南京
安徽省
合肥
上海
上海市
浙江省
杭州
湖北省
武汉
四川省
成都
重庆市
重庆
湖南省
长沙
江西省
南昌
福建省
福州
贵州省
贵阳
云南省
昆明
广西壮族自治区
南宁
广东省
广州
香港
澳门
海南省
海口
海南岛
台湾省
台北
台湾岛
钓鱼岛
赤尾屿
东沙群岛
西沙群岛
永兴岛
中沙群岛
黄岩岛
南沙群岛
曾母暗沙
渤海
黄海
东海
南海
黄河
长江
图例
北京 首都
天津 省级行政中心
未定 国界
省、自治区、直辖市界
特别行政区界
名村所在县级区域
名村
1：32 000 000
审图号：GS（2017）3697号

李家疃村在山东省的位置

1：3 350 000

审图号：GS（2017）3697 号

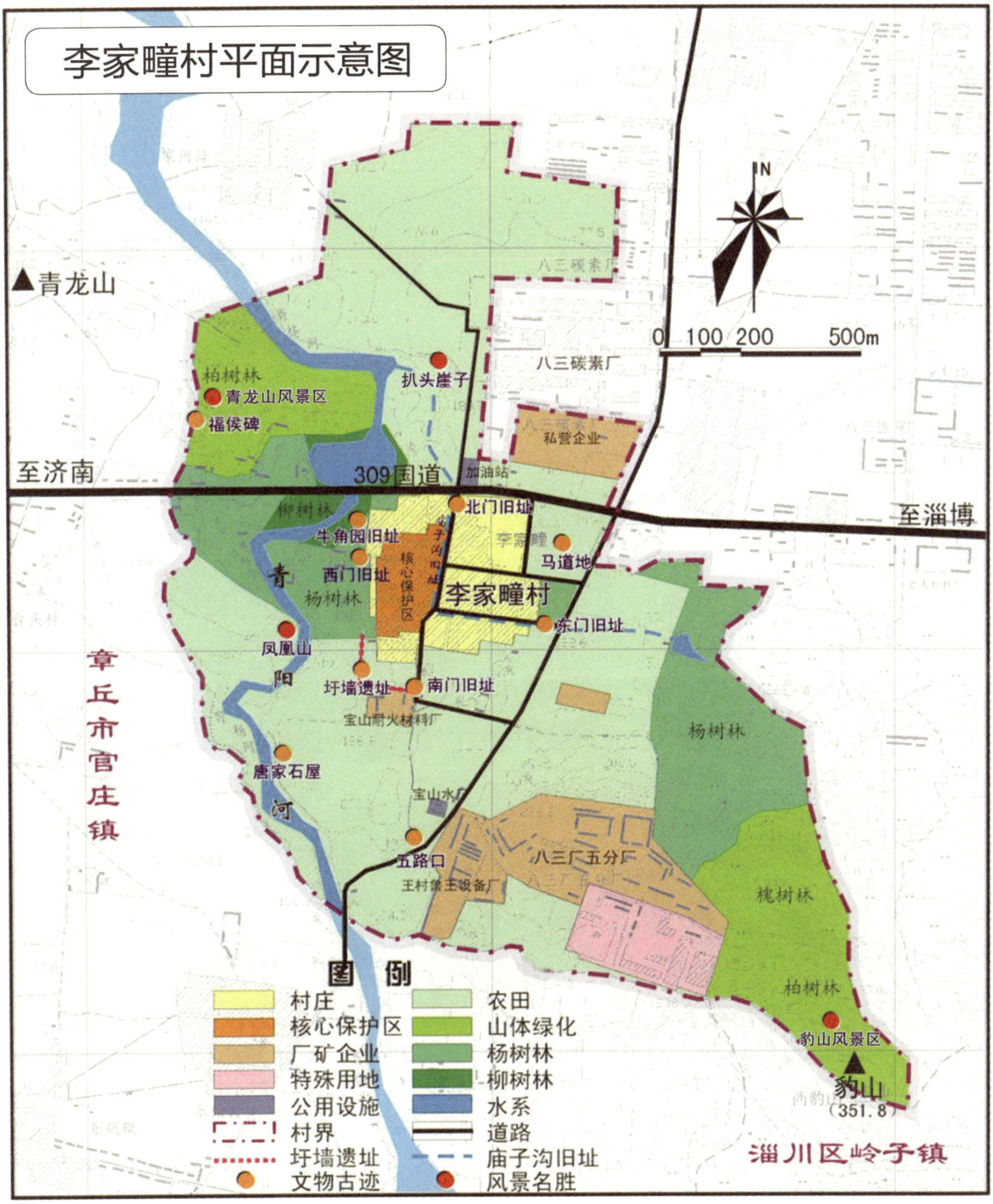

李家疃村平面示意图
青龙山
至济南
309国道
至淄博
加油站
八三碳素厂
私营企业
扒头崖子
柏树林
青龙山风景区
福侯碑
柳树林
牛角园旧址
北门旧址
西门旧址
核心保护区
李家疃村
马道地
东门旧址
杨树林
凤凰山
圩墙遗址
南门旧址
宝山耐火材料厂
唐家石屋
宝山水厂
五路口
八三厂五分厂
王村集王设备厂
槐树林
豹山风景区
豹山
(351.8)
青
阳
河
章丘市官庄镇
淄川区岭子镇
0 100 200 500m
N
图例
村庄
农田
核心保护区
山体绿化
厂矿企业
杨树林
特殊用地
柳树林
公用设施
水系
村界
道路
圩墙遗址
庙子沟旧址
文物古迹
风景名胜

李家疃全景俯瞰（2004 年）

王荣亨　摄

春之李家疃（2016 年）　　王焕尧　摄

夏之李家疃（2016 年）　　王焕尧　摄

秋之李家疃（2004 年）　　　　王荣亨　摄

冬之李家疃（2004 年）　　　　王荣亨　摄

李家疃村全景（2016 年） 王军 摄

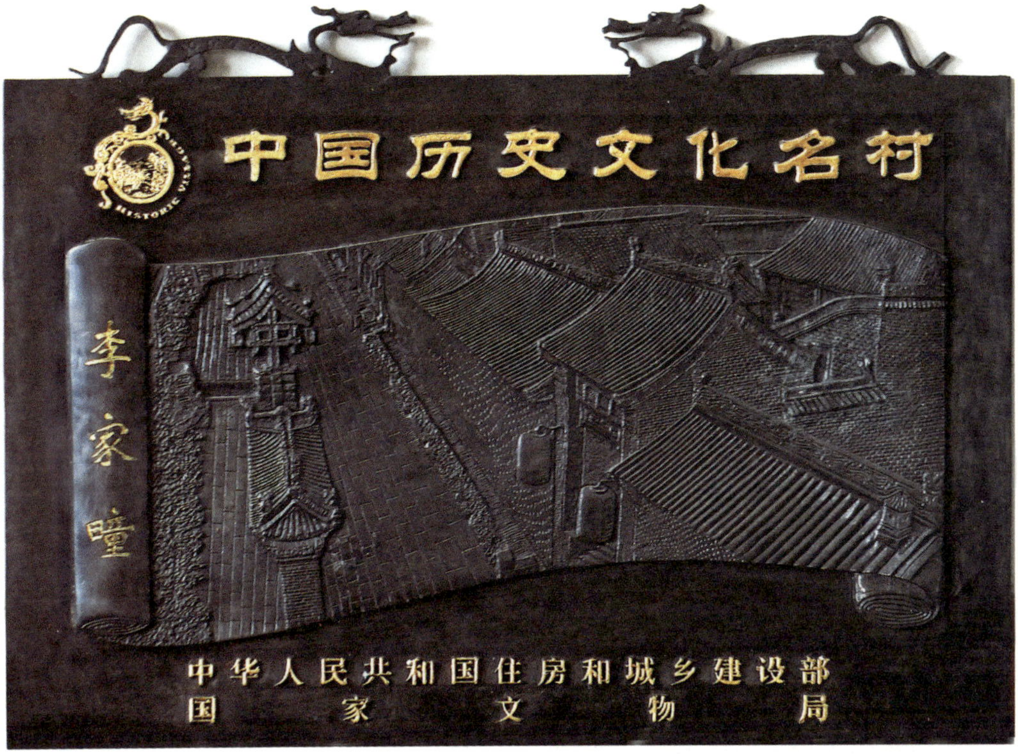

“中国历史文化名村”铭牌

“山东省旅游特色村”铭牌

◉ 目录

明清流韵李家疃

李家疃村历史悠久，文化底蕴深厚。距今 4000 多年前就有人类居住。明清时期，王氏家族建成王氏大庄园，多数明清建筑保存至今。李家疃村是中国历史文化名村、中国传统村落。

中国历史文化名村、中国传统村落李家疃村，位于山东省中部，隶属于淄博市周村区王村镇。东距淄博市政府驻地张店 28 千米，距周村区政府驻地周村 18 千米；西与济南章丘市台头村接壤，距济南 64 千米，距章丘 14 千米；南与淄博市淄川区巩家坞村接壤；北与滨州市邹平县临池镇接壤。地理坐标北纬 36° 39′ 42″、东经 117° 41′ 36″；海拔 185 米。村域总面积 92.07 公顷，村庄占地面积 16.87 公顷，耕地面积 56.67 公顷。李家疃村三山拱秀，溪水环绕，有“远三山、近三山、内三山”之说。远三山即北有白云山，西有胡山，南有四鸡山；近三山即青龙山、凤凰山、豹山；内三山即村内三个花园中的人造假山；溪水即青阳河水与豹山溪水。李家疃村位于青龙山之东、豹山之西，青阳河水自村南而来绕向村西、村北，与来自村东的豹山溪水对李家疃形成溪水环绕之势。山水村路与人文自然和谐，构成了“淄博西大门”的秀丽景观。

全村地势南高北低，东高西低。309 国道从村域中部东西横穿，李家疃村建于村域中部、309 国道南侧，村域北部为青龙山和农田，村域西部为青阳河、林地和农田，村域南部为山东生建八三厂五分厂，村域东部为豹山和农田。气候属暖温带大陆性季风气候，受大陆低气压和蒙古高气压的交替影响，干湿季节明显，春季多风干燥，夏季炎热多雨，秋季较适宜，冬季寒冷少雪。全年平均气温 13.1℃，年平均降水量 646 毫米，年平均日照数 2548 小时，全年主导风向为西南风。

李家疃村历史悠久，从村西西岗子出土的红陶鬶足、鬶把、纺轮等器物残片可知，距今 4000 多年前的龙山文化时期即有人类在此居住。唐氏始祖唐克明自元大德元年间（1297—1307）迁入李家疃。曹氏于明洪武二年（1369）自河北枣强迁入李家疃。王氏始祖王三老于明洪武三年（1370）自河北枣强迁入李家疃。后又有张、赵、孙、朱、史、邓、刘、郑、卢、高、姜、尹等姓相继迁入，安家落户，繁衍生息。清代，李家疃村以庙子沟（今中心大街西）为界，分为东、西两个部分。西部全部为王姓家族居住，东部为张、赵、孙、朱、史、曹、邓、刘、郑、卢、高、姜、尹姓家族居住。李家疃村村民不同时期迁居村内，民风淳朴，族亲邻睦，团结互助。到 2016 年年底，李家疃村居民共 298 户、913 人。

李家疃村村民自明清时期就有经商传统，盈利多用于置地建房。至清嘉庆十五年（1810）前后，王氏等姓村民到南方做绸缎、布匹、茶叶等生意，规模相当可观，开始用其所赚银两在村内购买土地，大兴土木，建设庄园。经几代人不断修建，形成了外有圩墙、内有青砖楼房、门楼高大的建筑群。此后，虽历经后世动乱，但不少建筑保留了下来，成为山东省内保存较为完整的明清建筑群。整个古建筑群占地 4 公顷，有古民居 400 间，以东西大街、南北大街为轴线，构成“品”字形三大宅区，集古圩墙、古树、古楼、古井、古石桥、古屋、古巷、古券门、古墓碑、古拴马桩、古石磨、古石碾、古庙宇于一体。其主体为“四府一寺”“九门一庄”“八门一府一园”，建筑宽敞高大，造型美观。园内有假山池沼、亭石轩榭。村内建有土地庙 1 座、关帝庙 2 座及节孝牌坊 2 座。筑有长 2452.7 米、高 8 米、底宽 6 米、顶宽 4 米的圩墙。圩墙建有 4 个城门，东门直对豹山，叫豹文门；南门直冲青阳河，名青阳门；西门朝凤凰山，称迎凤门；北门映白云山，为白云门。四门呈拱形，皆用大块方砖砌成。圩墙上设有 4 个炮台，两门之间各架有若干台土枪。整个古建筑群布局之工、结构之巧、装饰之美、内涵之深，为江北古民居建筑罕见，集中反映了明清时代中国北方民居的建筑风格和工艺水平，具有很高的历史价值。1997 年，武亚元古建筑群被淄博市人民政府公布为市级重点文物保护单位。2006 年 6 月，李家疃明清建筑群被淄博市人民政府公布为市级重点文物保护单位。2008 年 9 月，李家疃明清建筑群被淄博市人民政府公布为淄博市古建筑近现代优秀建筑和纪念性建筑。2010 年 7 月，李家疃村被住房城乡建设部、国家文物局授予“中国历史文化名村”称号。2012 年 12 月，李家疃村被住房城乡建设部、文化部、财政部评为第一批“中国传统村落”。2013 年 10 月，李家疃古建筑群被山东省人民政府公布为省级重点文物保护单位。

李家疃村先民以农为主。在漫长的封建社会，受封建土地所有制的束缚，水利设施差，农业生产落后。新中国成立后，李家疃村在中国共产党的领导下，解放和发展农村生产力，兴修水利，改良土壤，扩大肥源，推广良种，防治病虫害，改进耕作技术、农作机具，讲究科学种田，努力发展各项建设事业。1955 年 7 月，李家疃村成立初级农业合作社，实行政社合一，贯彻中共中央“土、肥、水、种、密、保、管、工”的八字方针。搬石填土、整山治水，改良土壤；积攒人畜粪尿并沤制绿肥，促进粮食增产。在王村乡政府的领导下，李家疃村在村北青阳河上修建青龙山水库，在村东、村南分别修建塘坝、蓄水池、水渠，打大口水井，引渠水绕村过道，灌溉农田。与此同时，响应“植树造林、绿化祖国”的号召，在青龙山、豹山山坡种植松柏等树种。

1958 年“大跃进”时期，李家疃村集中人力物力“大炼钢铁”，粮油作物丰产不丰收。次年又是荒年，粮食歉收，造成村民生活极度困难，很多人因营养不良患水肿病。村大队采取各种措施救助度荒，逐步使村民脱离困境。此后，李家疃村落实“调整、巩固、充实、提高”的八字方针，全村经济开始好转。二十世纪六七十年代，李家疃村每

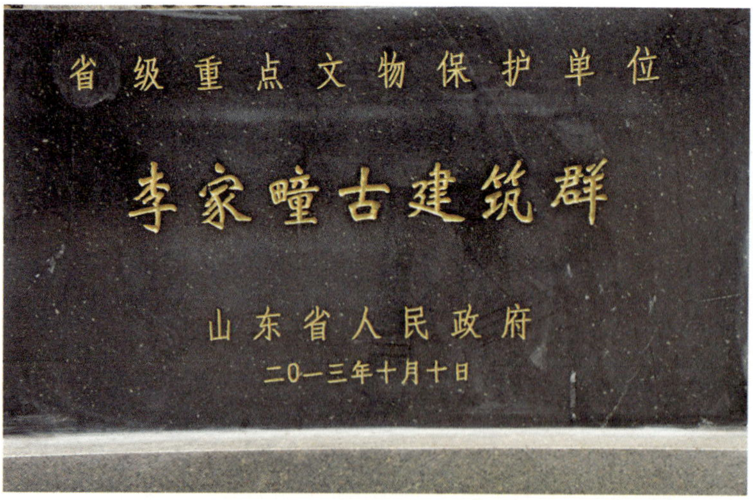

“省级重点文物保护单位”碑　　王焕尧　摄

年都利用农闲时节组织全村劳动力，学习“大寨”精神，进行大规模的农田水利建设，整山治水，削高填洼，改造农田，农业生产条件得到改善。

1978 年 12 月中共十一届三中全会召开后，李家疃村党支部、村委会坚持以经济建设为中心，决定以工业兴村，利用李家疃村域内丰富的焦宝石、煤等资源，加大投入，形成采矿、煅烧、加工耐火材料产业链。进入 21 世纪后，李家疃村走农业振兴、工业腾飞、商贸并重之路，继续巩固以家庭联产承包为主要形式的生产责任制，调整、优化经济结构，以发展工业和开采、煅烧、销售焦宝石为突破口，建立粮食、养殖、耐火材料等商品基地，多种经济全面发展，农业生产由自给半自给经济向商品经济转化，出现了农业工业俱兴、商品生产大发展的局面，使村域经济及各项社会事业步入了快车道。

随着改革开放的深入，国家鼓励和支持发展个体私营经济。部分村民抓住机遇，在取得合法的经营许可后，投资从事煅烧石灰石、耐火黏土、焦宝石产业。1981 年，村民个体建 2 座石灰窑，年产量 8760 吨，年产值 6 万元。1983 年，村民个体建焦宝石窑 18 座，年产量 39420 吨，年产值 120 万元。1986 年，村民个体建焦宝石窑 30 座，年产量 65700 吨，年产值 197 万元。2008 年，全村共有焦宝石窑 216 座，年产量 473040 吨，年产值 11400 万元。2009 年 1 月，216 座焦宝石窑全部关停。2016 年，村民个人共建有涉及耐火材料的私营企业 13 家，年产值 11800 万元，每年向国家缴纳税金 738 万元。

文化、教育、卫生事业全面发展。李家疃村文化氛围浓厚，村民王焕奎是国家级非物质文化遗产五音戏的创始人之一。全村文化活动不断发展，2016 年村内设有文化大院、业余剧团、广播站、图书阅览室、书法协会。新中国成立前，村民文化教育十分薄弱，除少数富家子弟读书外，绝大多数村民尤其是女性村民无缘接受教育。新中国成立后，党和政府重视基础教育。在村内建立托儿所、幼儿园、初小、高小和初中。人民群众的文化水平不断提高。1990 年扫除青壮年文盲，1992 年普及九年制义务教育。全村医疗卫生条件不断提高，村内有卫生室 1 处，晚婚率、一孩领证率均达 100%，人口自然增长率保持在 6‰以下，被评为市、区、镇计划生育先进村。

村庄基础设施建设有序进行。村庄旧街道全部拓宽、硬化，分别在村南、村中、村西北、村东修建公园，村内街道均安装路灯。村党支部、村委会制订建设规划，综合治理“山、水、林、田、路”，实现全村通车、通电、通邮、通广播、通电话、通有线电视。幼儿园、学校、商店、文化、供电、供水等公共设施齐全。

村民的生活水平由温饱型、小康型向富裕型迈进。村民人均收入不断提高。居住条

两户一体的别墅楼（2016 年）　　王焕尧　摄

件、交通、房内设施、服饰穿戴等向较高档次发展。饮食标准日益提高，不但吃细吃好，还讲究科学性、营养性、保健性。

村民居住条件显著改善。20 世纪 60 年代以前，村内除明清建筑群是瓦屋外，其余都是麦秸草屋。60 年代末，水泥瓦开始用于普通民房。70 年代中期后，凡新建房屋几乎全用耐火瓦，都建有前檐出厦，并都在院子里建有平顶房。1995 年，开始村东部进行旧村改造，拆迁 20 户旧宅，建成 6 座两户一体的别墅楼，改善了 12 户村民的住房条件。2006 年，在村东北新建 2 座四层居民楼。2010 年，在村东北新建 3 座四层居民楼，解决了 120 户村民的住房，形成以东部新村为居住中心的村居格局。全村用上自来水、天然气、电磁炉、电冰箱、洗衣机和互联网，村民的生活水平不断提高。由于物质生活、精神生活的改善以及医疗卫生条件的发展，村民的健康状况大为改观，身体素质明显增强，寿命普遍提高，高年长寿老人越来越多。

李家疃村具有光荣的革命传统，在反抗剥削压迫、改变旧的社会制度中，涌现出许多可歌可泣的英雄人物和英雄事迹。1931 年“九一八”事变后，境内掀起抵制日货、抗日救国的热潮。进步青年宣传抗日救国，唤起民众，抵制日货，受到全村人民的欢迎和响应。解放战争时期，在中国共产党的领导下，村内青年参军参战，民兵配合主力部队打击敌人。同时，广大民工抬担架，送军粮，踊跃支援前线；家庭妇女做军鞋，做熟食，护理伤病员，照顾烈军属；少年儿童站岗放哨，为人民军队传送情报。全村人民为解放事业做出了贡献。1950 年抗美援朝战争开始后，村民踊跃捐款为前线购买飞机大炮，并报名参加中国人民志愿军，战斗英雄王焕斗就牺牲在朝鲜战场。1953 年，李家疃被淄川县人民政府授予“第一模范村”称号。

明清建筑，青砖黛瓦，古巷幽深，乡愁长忆。进入新时代，勤劳、智慧、朴实、勇敢的李家疃村村民，继承中华民族的传统美德，继续发扬革命战争年代和社会主义建设时代的革命精神，艰苦创业，不断进取，为家乡的繁荣昌盛不懈努力。

李家疃村新建居民楼（2016 年）　　王焕尧　摄

李家疃村街景（2016 年）　　王焕尧　摄

基本村情

李家疃村位于泰蒙山系北麓，青阳河东岸。地处济南、淄博、滨州三市交会处，素有“淄博西大门”之称。村域内地形多样，南高北低、东高西低，北部平原面积 40%，西部平原面积 30%，村东、村南为丘陵、山地。最高点豹山位于村东，海拔 351.8 米。村域内气候属暖温带大陆性季风气候，年平均降水量 646 毫米，四季分明，雨热同期，宜于多种植被和农作物生长，是周村区的“十强村居”。

明清群落动吟魂，历史斑斓又一村。
古巷幽深蕴名士，九门显赫沐君恩。

◉ 位置沿革

村名由来 据村碑和有关材料记载，因李姓最早在此居住，故名“李家疃”。又相传唐初李世民为清除隋朝旧部，率军路过此地，在此休整十余天。李世民为鼓舞士气，感谢当地百姓的支持，在此召开军民大会，阅兵点将，并以皇姓赐名“李家疃”。

区位与交通 李家疃村地处山东省中部，隶属淄博市周村区王村镇，是淄博市的西大门。地理坐标北纬 36° 39′ 42″、东经 117° 41′ 36″，海拔 185 米。村域总面积 92.07 公顷，村庄占地面积 16.87 公顷，耕地面积 56.67 公顷。西距章丘区政府驻地明水 14 千米，距省政府驻地济南 64 千米；东距王村镇政府驻地王村 2 千米，距周村区政府驻地周村 18 千米，距淄博市政府驻地张店 28 千米。

李家疃村位于 309 国道 478 千米处。从村西方向的山东省政府驻地济南到李家疃村有两条道路，乘坐济南到淄博、淄川的长途公交车走 309 国道，行程 64 千米；乘坐济南到淄博、淄川的长途公交车走 106 省道，行程 67 千米。两条道路都从李家疃村北横穿东西。

从村东方向的淄博市政府驻地张店到李家疃村，乘坐张店到济南的长途公交车走309国道，行程28千米。从周村区政府驻地周村到李家疃村，乘坐周村到济南的长途公交车走309国道，行程18千米。从淄川到李家疃村，乘坐淄川到济南的长途公交车走济王路、309国道，行程19千米。

沿革 李家疃村历史悠久，古代属淄川县之地。明洪武九年（1376），淄川县改称淄川州，李家疃村属之。洪武十年（1377）改淄川州为淄川县，隶属济南府，李家疃村属之。

清沿明制，清乾隆八年（1743）李家疃村隶属淄川县正西乡。辛亥革命后，废府设道，淄川县隶属济南道，李家疃村属之。

1928年撤道，淄川县直属山东省。1930年，李家疃村隶属淄川县第六区。1947年，李家疃村隶属淄川县冲山区。

1948年3月，李家疃村解放。1949年10月后，先后隶属淄川县第六区、冲山区苏辛乡。1953年，隶属淄川县第六区。1955年，撤销淄川县建制，隶属杨寨区王村办事处。1956年，隶属淄川区王村乡。1958年隶属淄川区王村人民公社。1968年，隶属淄川区王村人民公社。

1970年8月，王村人民公社由淄川区划归周村区，李家疃村隶属周村区王村人民公社。1982年，隶属周村区王村镇，至2016年未变。

◉ 自然环境

地貌 李家疃村地处泰蒙山系北麓，为新生代第四系地层覆盖。村域内有青龙山、凤凰山、豹山，青阳河、豹山溪环绕村西、村东，形成三山拱秀、溪水环绕的山水格局。村东的豹山和村西的凤凰山、青龙山，都被南北向的青阳河拦腰切断。李家疃村是丘陵与平原的结合部地貌，南高北低，东高西低，属丘陵向平原过渡的地带，覆盖厚度不等。大致分为低山丘陵区、岭下平地区两种地貌类型，中部偏西有部分丘间泾地，平地区面积占村域总面积的70%，其他类型地貌面积占村域总面积的30%。村域东部是豹山、豹山塘坝。村域西部是林地和青阳河，青阳河对岸是凤凰山。村域南部有部分低山岭坡，地势南高北低，有利于灌溉农田。村域北部是农田和工业用地，居住建筑用地集中在309国道南侧。

山丘

青龙山　位于村西北，属白云山脉，崎岖蜿蜒状似卧龙。青龙山在白云山、胡山、四鸡山等群山的环抱之中，海拔 218 米，面积 8 平方千米，309 国道自山前通过。山上有盘龙寺大阁、小阁遗址，青龙山松林，青龙山奇石（楼头石、蛤蟆石、山界石、仙人石、降龙石、马头石、金龟石、活头石等）和福侯碑等景点，山下有青龙山水库。

凤凰山　位于村西的青阳河对岸，海拔 206 米，面积 4 平方千米。山石呈金黄色，耐火黏土存储丰富。日军入侵时曾在山顶南侧开采黏土，解放后村集体也在山上进行开采活动，山体破坏严重。

青龙山山貌（2004 年）　王荣亨　摄

凤凰山山貌（2004 年）　王荣亨　摄

降龙石（2004 年） 王荣亨 摄

蛤蟆石（2004 年） 王荣亨 摄

仙人石（2004 年） 王荣亨 摄

豹山山貌（2004 年） 王荣亨 摄

豹山 位于村东，海拔 351.8 米，面积 15 平方千米。据《淄川县志》"舆地志·山川"记载："豹山，县西五十里。山巅建立宫观，各依巨石，上筑高台，梁柱阑盾皆石。历级而上，大似浮槎。绝巅两石相对，一经中通，呼曰天门。从松柏杂树中遥望，南山缥缈，若蓬莱三岛。"

青阳河（2004 年） 王荣亨 摄

河流 青阳河因在小清河的阳面而得名。发源于四鸡山分水岭，流经淄川的东牛角、西牛角、滴水石屋和章丘的石门、弓角湾、常山地、青野来到豹山，在李家疃境内 2800 米。早年分为东、西两条支

青阳河大峡谷（2004 年） 王荣亨 摄

流，是季节性河流。春、冬季河水平稳清澈；夏、秋季洪水滔滔。东支流经长山、巩家坞、南坡、吕家河、沈家河、刘家河、王家庄环绕东豹山穿越逄陵古城经七河入范阳河。西支流沿豹山西行过青野、张家庄环绕李家疃、青龙山、白云山北上汇入小清河。

土壤 根据 1979 年全国第二次土壤普查以及《山东省土壤分类方案暂行规定》，村域内土壤共分为 5 个土类、10 个亚类、11 个土属、20 个土种。其中棕土是村域内面积最大的土类，共 26.67 公顷，占村域内可利用面积的 54.3%。主要分布在村南、村西南和村北。

气候 李家疃村处中纬度地区，属暖温带大陆性季风气候。春季气候干旱，多风雨少；夏季高温多雨，气候潮湿；秋季天高气爽，昼夜温差较大；冬季雪少干冷，低温时间较长。村域年平均气温 13.1℃，极端最高气温 41.1℃（1960 年 6 月 21 日），极端最低温度 −26.8℃（1985 年 12 月 8 日）。年平均降水量 646 毫米，年平均日照数 2548 小时，全年主导风向为西南风。初霜最早出现在 10 月 5 日，终霜最晚出现在 5 月 3 日。初雪日最早出现在 11 月上旬，最晚出现在次年 1 月上旬，有“大雪不封地，不过三二日”的谚语。

终雪日最早出现在 1 月下旬，最晚在 4 月下旬，有“清明断雪，谷雨断霜”的谚语。历年平均相对湿度 70%。年平均风速 2.2 米 / 秒，8 级以上大风平均每年出现 5 天。

物候

村域内劳动人民为掌握季节天气变化规律，从事生产活动，平日观察研究四季更迭过程中的各种自然现象与动植物生长发育特征之间的关系，并参照一些物候谚语，指导生活和生产。

燕子 一般于“寒食节”初见，有“一百五，燕子来到济南府”和“燕剪杨柳”之说。寒露后相继南去。

大雁 清明时节北飞过境，秋分时节过境南去。有“雁上南，衣裳棉；雁上北，衣裳拆”“南方吃雁，北方吃蛋，中间只能伸着脖子看”“八月十五雁门开”之说。

青蛙 一般春分出蛰，谷雨开始鸣叫。有“青蛙打呱呱，四十五天吃巴巴”（巴巴指麦煎饼）之说。秋后绝唱并蛰伏。

蝉类 未脱皮前为幼虫，俗称“老哨喉”或“龟”。脱皮后为成虫，俗称“知了”。小暑初鸣，秋分终鸣。

布谷鸟 立夏始鸣。俗称“光棍夺锄”，其意是布谷鸟始叫，正是锄春苗的农时。

蛇 惊蛰出动，立冬冬眠。

蝙蝠 清明出蛰，霜降入蛰。

鸡 一般春末夏初“抱窝”（孵化），21 天出雏，秋后换羽毛产蛋。

蟋蟀 一般立秋之际鸣叫。人们根据其颇有节律的鸣叫声编成童谣：“拆拆洗洗，姐姐缝缝……”蟋蟀始叫说明天气凉了，人们需要拆洗缝补棉衣，以备过冬。

柳树 雨水发芽，春分开花，谷雨种子成熟，小雪落叶。

杏树 惊蛰开花，芒种果实成熟，寒露落叶。

桃树 清明开花，芒种至处暑果实成熟，寒露落叶。

枣树 谷雨发芽，立夏开花，寒露果实成熟，立冬落叶。

小麦 秋分播种，雨水返青，清明拔节，立夏抽穗杨花，芒种成熟。

夏玉米 小满套种或芒种直播，大暑拔节，白露成熟收获。

谷子 谷雨播种，大暑抽穗，处暑成熟。

植被 村域内无原生植被，现有植被以农作物为主，约占全村总面积的 36.2%，其余多为次生稀疏乔木、灌木丛和草本植物群落。全村林木覆盖率 35%。

◉ 自然资源

土地资源 村域总面积 92.07 公顷，其中村庄占地面积 16.87 公顷、耕地面积 56.67 公顷、园地 3.87 公顷、林地 10 公顷、交通用地 2.33 公顷、水域 0.33 公顷、未利用土地 2 公顷。

水资源 村域内水资源主要是地表水和地下水，分布在水库、塘坝、蓄水池、大口井、机井等地。多年平均水资源总量 2060 万立方米，其中可利用量 1480 万立方米，占水资源总量的 72%。村域内地表水主要来自大气降水，年平均降水量 646 毫米，平均天然径流深度 298 毫米，平均年径流系数 0.298。村域内多年平均浅层地下水总储量 3842 万立方米，年平均可开采量 2478.4 万立方米。地下水来源主要是降雨渗漏与河流、塘坝、蓄水池渗漏。截至 2016 年年底，村域内水库最大进水量 787 万立方米，平均年进水量 526 万立方米，最小进库水量 278 万立方米。

生物资源

村域内生物资源比较丰富，栽培作物有粮食、蔬菜和经济作物，另有林果资源等其他资源，共 17 科、26 属、41 种。

粮食 以小麦、玉米、大豆、地瓜、谷子为主，还有小杂粮等。

蔬菜 有白菜、菠菜、芹菜、莴苣、芸豆等。

经济作物 有花生、芝麻、西瓜、甜瓜等。

林果资源 林木有杨树、泡桐等。经济树种有苹果、梨、桃、山楂等。

野生药材 有益母草、反蒿、黄芪、马齿苋、蒲公英、菊花等。

落叶阔叶林植被 主要分布于村域内山地以外的土地上。多为村庄绿化和农田林网。常见的乔木有赤松、侧柏、毛白杨、小叶杨、刺槐、榆树、国槐、柳树、臭椿、香椿、楸树等；果树有苹果、梨、桃、杏、柿子、李子、大枣等；浆果有葡萄、樱桃等；此外还有水杉、泡桐、苦楝等。

灌木草丛植被 主要分布于村域内山丘荒坡、河滩沟旁。灌木有酸枣、荆条、桐柳、火炬、黄栌、胡枝子、花木兰、藤木等。

草本植物 主要分布于村域内山丘荒坡上。常见的有黄背草、白羊草、霞草、卷柏、结缕草、羊胡子草、马唐、蟋蟀草、鹅不食草等；平原地堰多有剪子股、独行菜、米口

青龙山水库（2004 年）　　王荣亨　摄

袋、紫花地丁、麦蒿、荠菜等；河岸、排水沟旁多被白茅、柳叶箬等覆盖。

花草　主要分布于村域内山坡上。木本花卉有杜鹃、茶花、各种梅花、木槿、蜡梅、桂花、栀子、扶桑、月季、海棠、紫藤、紫薇等；草本花卉有仙客来、兰花、并蒂兰、小仓兰、鹤顶红、蜀葵、矮牵牛、风雨花等。

水生动物　主要有鱼、虾、蟹、螺、鳖等。

水生植物 主要有芦苇、莲藕、菱角、黑藻、浮萍等。

野生动物 主要有野兔、刺猬、黄鼠狼、獾等。

矿产资源

村域内矿产资源丰富，已开发利用的有耐火黏土，砖、瓦用黏土，煤，石灰石，铝土等。

耐火黏土 俗称焦宝石，分软质、硬质两种。软质耐火黏土分为 I 级～ IV 级 4 个品级。该黏土耐火程度高，具有较大的黏结性和可靠性，可作为耐火材料的原料及耐火制品的结合剂。村域累计探明基础储量 101 万吨，保有储量 60.2 万吨。硬质耐火黏土赋存于二叠系石盒子组万山段底部。矿体呈层状产出，矿石质量较好，分为特级品、一级品和二级品 3 个品级。村域累计探明基础储量 273 万吨，保有储量 158 万吨。

砖、瓦用黏土 由碎屑和泥质胶结物组成，耐火度高，具有较大的黏结性和可塑性，可作为耐火材料的原料和耐火制品的结合剂，是烧制耐火砖、煤矸石砖和红瓦的主要原料。村集体的 1 家耐火红瓦厂、2 家耐火砖厂和村民个体的 2 家耐火红瓦厂每年可消耗 9000 吨砖、瓦用黏土。

煤 分瘦煤和天然焦两种。村域累计探明基础储量 3207.8 万吨，保有储量 237.9 万吨。

石灰石 可作为煅烧石灰的原料，广泛用于建筑、水利工程。青阳河床储量丰富。1999 年，村民个体的 28 座石灰石窑年消耗 12960 吨石灰石。

铝土 是生产金属铝的最佳原料。村域累计探明基础储量 3107.8 万吨，保有储量 212.9 万吨。

焦宝石（生料）

焦宝石（熟料）

◉ 人口　姓氏

人口总量　元朝末年，战乱频繁，人口消减。明初至清末，随着移民的迁入，李家疃村的人口逐渐增加。1948 年村庄解放后，社会逐步安定，外逃人员陆续返回，人口逐年上升。1949 年，全村有 158 户、653 人，其中男性 328 人、女性 325 人。

随着国民经济的迅速恢复发展，村民的生活、医疗卫生条件逐步改善，人口快速增长。1954 年，全村有 164 户、714 人，其中男性 334 人、女性 380 人。1958 年后，由于“左”倾错误和自然灾害的影响，国民经济发展遭受挫折，村民生活水平下降，人口出生率降低，死亡率回升，自然增长率顿减。1959—1961 年，全村人口连续 3 年负增长。随着国家经济形势的好转，从 1965 年开始，全村出现人口生育高峰。到 1974 年，全村有 199 户、837 人，其中男性 391 人、女性 446 人。改革开放后，随着经济的发展和生活水平的提高，人口数量持续增长。2016 年年底，全村有 298 户、913 人，其中男性 432 人、女性 481 人。人口自然增长率保持在 6‰以下。

2016 年李家疃村人口基本情况一览表

表 1

队别	户数（户）	人数（人）	男（人）	女（人）
第一村民小组	47	149	75	74
第二村民小组	63	188	88	100
第三村民小组	43	120	60	60
第四村民小组	38	119	46	73
第五村民小组	54	180	89	91
第六村民小组	53	157	74	83
总计	298	913	432	481

80 周岁以上村民　至 2016 年年底，李家疃村 80 周岁以上村民 21 人，占全村总人口数的 2.3%，其中男性 5 人、女性 16 人；90 周岁以上的村民 7 人，其中男性 2 人、女性 5 人；100 周岁以上的村民 1 人，为男性。80 周岁以上村民的共同特点是心胸开阔、脾气温和、饮食起居规律、少荤多素，平时做一些力所能及的农活及家务，家庭关系

融洽，子女孝顺。

姓氏源流 元朝以前，李家疃村村民姓氏情况无考。自明洪武年间（1368—1398）起，因朝廷移民，各姓村民陆续迁入李家疃村。至2016年年底，全村有61个姓氏。人数在5人以上（含5人）的姓氏19个，人数在2人以上（含2人）的姓氏37个，人数1人的姓氏24个。其中王姓450人，史姓64人，毕姓50人，李姓40人，赵姓38人，朱姓32人，张姓25人，曹姓21人，邓姓16人，孙姓16人，郭姓14人，孟姓13人，刘姓13人，宫姓13人，邱姓12人，郑姓6人，杨姓6人，景姓5人，祁姓5人，高姓4人，尹姓4人，裘姓4人，牛姓4人，侯姓3人，韩姓3人，贾姓3人，柳姓3人，姜姓3人，徐姓3人，苏姓2人，鞠姓2人，董姓2人，许姓2人，潘姓2人，蒋姓2人，陈姓2人，吕姓2人，胡姓1人，周姓1人，窦姓1人，邵姓1人，丁姓1人，于姓1人，杜姓1人，秦姓1人，尚姓1人，柏姓1人，娄姓1人，明姓1人，姚姓1人，黄姓1人，段姓1人，邹姓1人，聂姓1人，腾姓1人，焦姓1人，沈姓1人，宋姓1人，曲姓1人，康姓1人，房姓1人。

◉ 经济发展

综合实力 明清以后，李家疃村的农业生产主要是种植玉米、地瓜、高粱、小麦、谷子、大豆、绿豆、芝麻等，家庭养殖马、驴、牛等大牲畜和猪、羊、狗、鸡、鸭、鹅等家畜、家禽。

李家疃村家庭手工作坊和店铺历史悠久。明朝初期，村内商业开始繁荣，统称“做买卖”，包括酿造、榨油、糕点、打铁等作坊和各种手工业。较大的商号都设有门店，聘请掌柜和先生。王氏家族自明代开始到章丘、周村、淄川、徐州和江南等地发展，经商、开钱庄，创建“震远镖局”。主要经营布匹、丝绸，组建马帮、车队。首先经商致富的是王氏六世王豹，置办田产500亩，被称“巨富”。清乾隆年间（1736—1795），王氏家族经营有“隆”字号、“元”字号绸缎、布匹、茶庄、钱庄、当铺等。王悦斌在苏州开办隆茂钱庄，带动了村民到全国各地开设商铺。是时，村里富户几乎家家都有商号，商业活动活跃。19世纪初，王氏家族20余户商户到南方做丝绸、布匹生意，在徐州、苏州等地设有店铺。此后，在全国一些重要城市设店铺，同时兼营收购各地的土特产、名产品。

李家疃乡村记忆博物馆中的隆茂钱庄复原图（2016 年）　王焕尧　摄

商业繁荣带动了李家疃村个体手工业的兴盛。木工、铁匠、小炉匠、建筑建材、酿酒、酱菜、糕点等手工作坊应运而生。民国时期，村内“四匠”（铁匠、石匠、木匠、泥水匠）、“四坊”（磨坊、油坊、粉坊、豆腐坊）及棉织、绳经、皮革、黑白铁、酿酒、糕点、酱菜等手工业作坊众多。酿酒、盐业较兴盛，村内有一条酒店胡同，主要销售白酒；另有一条盐店胡同，主要销售食盐。村内大街墙壁上现存 41 个拴马桩，证明其时买卖兴隆、热闹非凡。周围几十里范围的商贾云集于此，使李家疃成为远近闻名的集市。集市贸易之外，还有一些流动商人挑着担子到村里贩卖日用小百货商品，如木梳、头巾、花线、儿童玩具等，村民称之为“货郎”。

新中国成立后，李家疃村集体经济逐步发展起来。20 世纪 50 年代初，开始开采耐火黏土，此后逐渐发展成为村里的支柱产业。

1967 年，开设村办弹棉花坊、电磨磨坊、烧饼坊。地址设在村大队部，由村集体投资，购置弹棉花设备 1 套、粮食粉碎机 1 台。弹棉花坊加工仔棉，每千克棉花加工费 0.3 元；磨坊加工粮食，每千克粮食加工费 1.6 元。1969 年，在村北青龙山上建起制作旱磨、水磨、房门梁、盖新房基石的采石场，满足村民盖新房的需要，其中旱磨、水磨远销东北，采石场成为生产队的主要经济来源。20 世纪 70 年代，第一生产队开办豆腐坊和驴车运输；第二生产队开办地瓜粉坊、铁匠炉、石灰窑、驴车运输；第三生产队开办地瓜粉坊、驴车运输；第四生产队开办烧饼坊、驴车运输；第五生产队开办地瓜粉坊、石灰窑、驴车运输；第六生产队开办挂面坊、驴车运输。

1981 年后，李家疃村贯彻改革开放政策，依靠紧邻 309 国道及耐火黏土、煤炭资源丰富的优势，确立了“宜农则农、宜工则工、宜商则商”的发展思路，大力发展集体经济，支持发展个体私营经济。1995 年，村集体投资 100 多万元在村北的 309 国道北建立一家碳素厂，年产值 100 万元。

耐火材料产业

李家疃村耐火黏土资源丰富。1955 年 7 月，成立宝山初级社，开始在村西的青阳河西岸挖洞开采耐火黏土，在村南建 4 座煅土窑煅烧耐火黏土。1956 年 1 月，宝山大队成立，继续开采、煅烧耐火黏土。1958 年 8 月，山东省第一劳教所开始在豹山西山坡打斜井，开采、煅烧耐火黏土。1961 年 2 月，李家疃大队建立，继续开采、煅烧耐火黏土。1975 年，在村南圩墙里建红砖厂 1 家，年产值 10 万元。1976 年，在红砖厂东邻建耐火材料厂 1 家，年产值 15 万元。全村大规模的开采始于 20 世纪 80 年代。初期只是开采生黏土，经济效益差。后来，部分村民认识到耐火黏土经煅烧后才能发挥其最大的经济效益，赚到更多的钱，便开始建煅烧窑煅烧耐火黏土。通过对耐火黏土进行粉碎、加工，把黏土加工成粗细、大小不等的若干品种，经济效益大为提高。1981 年，李家疃村建立副业小组，利用原王村人民公社的破窑炉煅烧耐火黏土。1986 年 1 月 1 日副业小组申领耐火黏土矿的开采证后，挖掘立井，开始有计划地开采、煅烧、加工。在青龙山与台头村交界的地方建煅烧窑 4 座，年产值 18 万元。此后，为了进一步提升耐火黏土的经济价值，又建砖耐火材料厂 1 家，对耐火黏土进行深加工，年产值 60 万元。所烧制的耐火砖远销济南、上海等地。1991 年，村集体在村北青龙山原王氏祖茔处建立以耐火黏土为主要原料的耐火红瓦厂 1 家，年产值 10 万余元，生产的红瓦远销东北、河南等地。2000 年，村集体申请领取村东耐火黏土矿的开采证，扩大开采规模。2003 年 8 月 4 日，该矿定名为天三立黏土矿，占地 0.27 公顷，建筑面积 600 平方米，固定资产 386 万元，职工 100 人，年产值 500 万元，利税 120 万元。2008 年，全村有村民自建煅烧黏土窑 216 座，每天生产熟耐火黏土 1300 吨左右。每座窑需要 8 人从事煅烧工作，直接带动全村 1728 人就业。每天有 100 辆左右的拖拉机、汽车往返于村庄的东西南北方向，呈现出一派车来车往、人来人往的热闹景象，同时也带动了生产、生活等物质的消费。另有村民利用黏土可以做耐火砖的条件，建起耐火砖厂和耐火材料公司。至2016年，已形成李家疃耐火材料工业园，村民个人共建有涉及耐火材料的私营企业13家，有467人从事耐火材料生产，年总产值12300万元，每年向国家缴税1000多万元。

德翔耐火材料有限公司 2003年10月7日入驻耐火材料工业园，占地1.25公顷，建筑面积5900平方米。固定资产1000万元，职工36人。主要生产黏土砖、高铝砖，年产值1600万元，利税160万元。

磊宝锆业科技股份有限公司 2007年7月8日成立，占地1.67公顷，建筑面积6000平方米。固定资产1487万元，职工39人。主要生产高纯原料粉体、高级耐火材料、特种陶瓷、锆毡、锆纤维板等耐火产品，年产值2400万元，利税200万元。

淑英焦宝石骨料加工厂 1993年5月8日成立，占地1.33公顷，建筑面积3000平方米。固定资产1000万元，职工40人。主要加工耐火材料骨料，年产值2200万元，利税50万元。

华林耐火材料有限公司 2000年3月21日成立，占地0.87公顷，建筑面积3500平方米。固定资产600万元，职工30人。主要生产耐火砖，年产值600万元，利税60万元。

振华耐火材料厂 2003年6月7日成立，占地0.67公顷，建筑面积3260平方米。固定资产400万元，职工10人。主要生产耐火材料、碳化硅，年产值800万元，利税70万元。

嘉民耐火材料厂 2003年9月20日成立，占地0.27公顷，建筑面积900平方米。固定资产80万元，职工3人。主要经营耐火骨料，年产值100万元，利税10万元

华海耐火材料有限公司 2004年7月1日成立，占地1公顷，建筑面积3000平方米。固定资产600万元，职工30人。主要生产耐火砖，年产值600万元，利税60万元。

华远耐火瓦厂 2005年9月1日成立，占地1.33公顷，建筑面积3000平方米。固定资产300万元，职工100人。主要生产耐火骨料，年产值1000万元，利税70万元。

同辰耐火材料有限公司 2005年5月23日成立，占地0.99公顷，建筑面积3000平方米。固定资产980万元，职工47人。主要生产铝矾土等耐火材料，年产值700万元，利税60万元。

振金耐火材料厂 2009年7月8日成立，占地1公顷，建筑面积2000平方米。固

定资产 80 万元，职工 33 人。主要生产耐火材料，年产值 300 万元，利税 10 万元。

旺山耐火材料商贸有限公司 2010 年 7 月 2 日成立，占地 0.2 公顷，建筑面积 700 平方米。固定资产 100 万元，职工 6 人。主要生产耐火材料，年产值 500 万元，利税 30 万元。

淄博卡瓦锆业新材料有限责任公司 2015 年 5 月 27 日成立，占地 0.23 公顷，建筑面积 1300 平方米。固定资产 900 万元，职工 12 人。主要生产耐火材料、锆毡，年产值 700 万元，利税 66 万元。

李家疃耐火材料厂 2005 年 10 月 20 日成立，占地 0.27 公顷，建筑面积 600 平方米。固定资产 80 万元，职工 6 人。主要生产耐火材料，年产值 300 万元，利税 10 万元。

王淑任、王淑俭府门楼一角（2016 年） 王焕尧 摄

古村风貌

李家疃村作为中国历史文化名村、中国传统村落，保存有山东省较为完整的明清建筑群。1997年，武亚元古建筑群被淄博市人民政府公布为市级重点文物保护单位；2006年6月，李家疃明清建筑群被淄博市人民政府公布为市级重点文物保护单位；2008年9月，李家疃明清建筑群被淄博市人民政府公布为淄博市古建筑近现代优秀建筑和纪念性建筑；2013年10月，李家疃古建筑群被山东省人民政府公布为省级重点文物保护单位。古建筑群占地60亩，有古民居400间，以西门街、南北大街为轴线，构成“品”字形三大宅区。古建筑群集古圩墙、古树、古楼、古井、古石桥、古屋、古巷、古券门、古墓碑、古拴马桩、古石磨、古石碾、古庙宇于一体，布局严整、规模宏大、风貌独特，文化内涵丰富，具有极高的历史价值、艺术价值和科学价值。

青砖黛瓦记沧桑，故国钩沉节孝坊。
南寺萧墙堪立德，北园艺道可流芳。

◉ 布局选址

结构　李家疃村位于山东省淄博市周村区王村镇西南 309 国道 478 千米处，青龙山、凤凰山、豹山三山拱秀，青阳河水、豹山之水溪水环绕，具有比较理想的山水形制，人文地理风貌保存基本完好。村庄初兴于明洪武三年（1370），至 19 世纪中期，基本形成了外有古圩墙、内有以王氏大庄园为主体的明清建筑群的完整村落。整个村落以庙子沟（今中心大街西）为界分为东、西两部分。东部为太平庄，在新农村建设中已建成 12 座二层别墅楼、5 座四层住宅楼。西部为明清建筑群，即李家疃王氏家族兴盛时期规划建设的王氏大庄园。李家疃王氏家族自明末清初开始从事经商贸易，一二百年间多有成为巨贾豪富者，回乡后在村中购置土地，大兴土木，构建豪宅，逐渐建成为以“四府一寺”“九门一庄”“八门一府一园”为代表的王氏大庄园。庄园占地面积 4 公顷，现有保存完好的院落 9 个、古民居 400 间、古大门 34 个。

中轴线　李家疃村的古建筑群以江南建筑特色为主，以东西、南北两条大街为轴线，构成“品”字形住宅区。王氏家族十四世王夙绅五子王悦德、

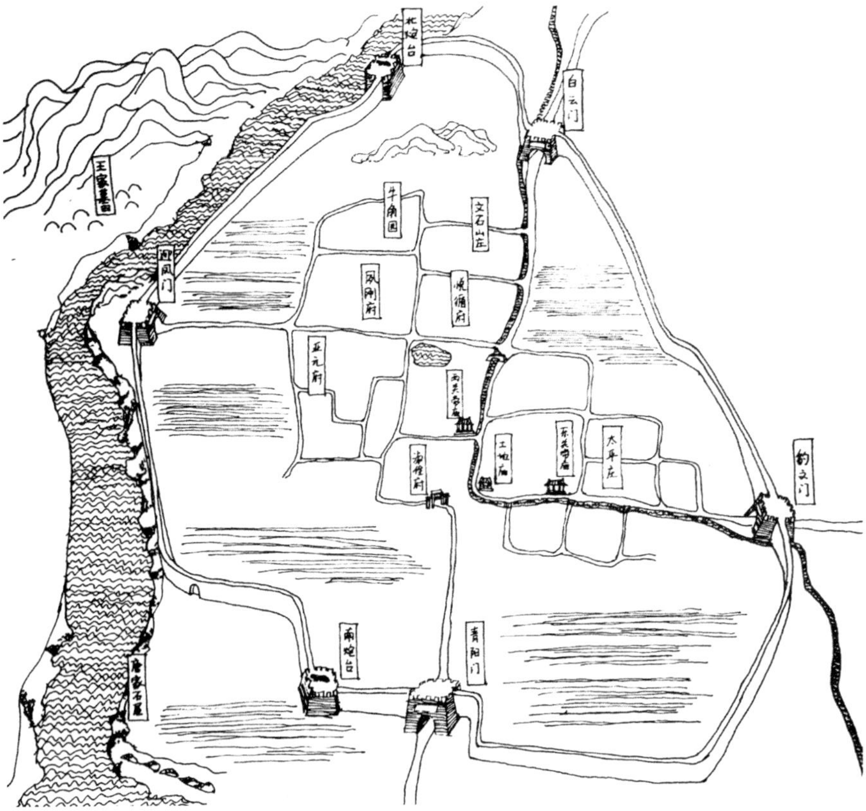

清乾隆年间李家疃村选址示意图

王悦循、王悦徯、王悦行、王悦衡各为一门，合称为“五大门”；王氏家族十五世王悦斌四子王淑仁、王淑佺、王淑信、王淑仕各为一门，合称为“四大门”。九座不同形式的庭院，建在村庄的中轴线上，南北贯通，九门相冲，房屋宽敞高大，造型美观。整体院落格局和街道空间布局完整，体现了中轴线对称布局的中国传统规划理念。

古圩墙

清咸丰年间，社会动荡，战乱频繁。家资殷实的王氏家族为防匪患，于咸丰三年（1853）由十五世王悦衡带头，开始修建村庄圩墙。咸丰九年（1859），圩墙建成。圩墙高 8 米、底宽 6 米、顶宽 4 米、长 2452.7 米。有东、西、南、北 4 个城门，另在西南角险要位置设置便门 1 个。城楼高 6 米，底座长 10 米、宽 6 米，楼顶宽 4 米。每座城楼都有 2 个门洞，一大一小。大门洞宽 4 米、高 4.5 米，小门洞宽 2 米、高 2 米，全用方子石拱形砌成。大门洞用于行人、过轿，小门洞用于排水。四门中北门和东门修筑最好，全用方块石构筑。南门和西门则修得较为粗糙，除城门、楼洞用方块石砌成外，门两侧楼墙均用灰土夯实。圩墙上有炮台4座，红衣大炮4门，火枪、弓箭若干，村内各户院院相通，设有地道与水井相连，并能通往城外。

李家疃村圩墙建成后，王村、尹家庄、西铺、苏李等地村民纷纷到李家疃村投亲靠友，以避战乱。到20世纪40年代，4个城门保存完好，城墙大部保存完好。后因村民取土及“破四旧”时被毁，现仅存西门遗址和原南门城楼上刻有“青阳门”字样的青石石刻。

豹文门 为东门，因直对豹山而得名。出豹文门向北过辛庄、王洞、王村到白云山下的柏家庄，有一条跑马大道叫“马道地”，是当时王氏及家丁跑马练武的地方。1958年，山东生建八三厂修建由王村火车站到西豹山的公路和小铁道，豹文门被拆除。

青阳门 为南门，因直冲青阳河而得名。因李家疃村地势南高北低，易攻难守，故在圩墙外自东向西挖了一条长300米、宽10米、深2米的圩子壕，以加强防御能力。城内西南角设有宽1.5米用于登城的阶梯，名为“龙登”。1947年，驻军某部在村中驻防，演习攻城爆破，青阳门被炸毁。

迎凤门 为西门，因朝向凤凰山而得名。西门西城墙沿青阳河岸而建，地形险要，

西门遗址（2016年） 王焕尧 摄

易守难攻。西南角设小便门一个，平时方便村民出入，战时能与城外联络。迎凤门毁于1958年，城墙的石块被用于修筑青龙山水库。

白云门 为北门，因直对白云山而得名。北门外西侧是青龙山，与青阳河相望，地势险要，城墙沿河而建。城下的青阳河盘旋回环，河宽水深，漩涡巨大。河上崖壁陡峭，被称为扒头崖子。北门毁于解放后，城门被分割成木板做成小学生课桌及板凳20套，城墙的石头则用于修筑山东生建八三厂一分厂的院墙。

古花园

王氏家族十二世王以奇的三个儿子王介祊、王介禟、王介禧各有一座花园，分别是王介祊府的文石山庄、王介禟府的牛角园、王介禧府的南寺。

文石山庄 参见本志“古村风貌·九门一庄·文石山庄”。

牛角园 为王介禟府花园，依自然地形地势而建，状似牛角故名牛角园。园内有凉亭鱼池、廊阁书房，遍布奇花异草。此园与青龙山、青阳河的自然景观浑然一体，更有天然之美。

南寺 为王介禧府花园，建在村圩墙内南门里，位于南北大街的最南首，是王氏大庄园三大花园中建造最好的花园。因园中建筑远看如同庄严的大寺庙，故被称为南寺。园内小桥流水、小路弯弯，假山林立、绿树成荫，奇花异草、怪石嶙峋，身临其境，犹如置身于南国盛景之中。20世纪80年代，南寺改建成李家疃小学，后又改为村委会办公地，并配套修建了村民健身广场、街头花园。

牌坊

村内共有3座牌坊，其中2座为王氏族人奉旨所建的节孝牌坊，1座是村委会新建的李家疃村牌坊。

王介禟妻节孝坊 俗称北牌坊，是清乾隆六十年（1795）王氏十四世王夙纲奉旨为王介禟之妻王氏“少年守节、敬老慈幼克尽其职”所建，是李家疃村内第一座牌坊。牌坊顺西门街东西建成，为单门洞牌楼，设计精美别致，整体由青石构成，牌坊底座石刻为荷花莲蓬图案，中座有龙、狮、虎、鹿、骆驼等浮雕图案。牌坊高处匾额刻“圣旨”二字，中间匾额刻“孝义兼全”四字，副匾刻“清大学生介禟妻王氏节孝坊”十二字。进王介禟妻节孝坊，迎面是一座贯堂大厅房，三进四合院南北一线连通，两座二层青砖楼房。有内门巷道与左右两宅院相连，出后门即可进入牛角园、文石山庄。该牌坊在“破四旧”时被拆除，现仅存牌坊底座和部分残石。

王介禟妻节孝坊底座（2016 年）　　王焕尧　摄

王介禟妻节孝坊底座石刻（2004年）王荣亨　摄

王介禟妻节孝坊莲花底座（2004 年）　　王荣亨　摄

王介禟妻节孝坊匾额（2004 年）　王荣亨　摄

王夙纶妻节孝坊　俗称南牌坊，是清嘉庆二十三年（1818）王氏十五世王悦斌和王悦斌二子王淑佺奉旨为王夙纶之妻于氏“少失所夫、孝养翁姑、彬彬尽礼、抚孤成立、子孙繁衍、五世同堂”所建。牌坊坐落在李家疃村中心，东门街、北门街、南门街、牌坊街交会处。牌坊坐西朝东，青石结构，四柱三间，高 10 余米，面宽 8 米，前后分别有两对栩栩如生的石狮。左侧为雄狮，威武雄壮，口含石球，触之能转；右侧为雌狮脚抚幼狮，其形象活灵活现，惟妙惟肖。底座上刻有八仙图案，寓意风调雨顺、平安吉

重新建立的王夙纶妻于氏节孝坊（2016 年） 王焕尧 摄

祥。牌坊正中竖匾刻“圣旨”二字，主匾额刻“节孝维风”四字，副匾刻“旌表王夙纶妻于氏节孝坊”十一字。该牌坊毁于“文化大革命”时期，2016 年 1 月，村委会在原址按原样重新建立。

李家疃村牌坊 2016 年 1 月，村委会投资 50 万元在北门街北首新建李家疃村牌坊。牌坊三门洞，青石结构，高 19 米，宽 12 米。其构造中间高、两边低，基座南北两面立八头石狮。中间横梁雕刻龙凤呈祥图案，其上刻有“中国历史文化名村”8 个金字；上梁雕刻二龙戏珠图案，在图案上方刻有“李家疃”3 个金字；牌坊顶部飞檐

李家疃村牌坊（2016 年） 王焕尧 摄

斗拱，瓦当严整，瓦脊正中为麒麟驮宝瓶。整个牌坊集书法、绘画于一体，有较高的艺术观赏价值。

古楼

村内原有古楼5座，分别为南北大街中段王悦衡府1座，西门街中段王淑任府、王淑俭府各1座，西门街西段武亚元府1座，西门街中段王淑备府1座。西门街西段武亚元府和西门街中段王淑备府内古楼现已不存。

王悦衡府古楼 为北方四合院楼阁建筑形式，坐北朝南，二层楼房，砖石木结构，墙厚1米，高12米。南北进深5米，东西面阔9米。木棂窗，木门，硬山灰瓦顶，有透花雕塑楼脊。一层用方石垒砌，二层用青砖砌成。一层设一门二窗，门窗上梁为石头横梁。两山墙各辟一窗，为长方形，上梁为石头过梁。二层正面设三窗，木棂窗，窗上部为砖发券，呈半圆形。一楼为方砖铺地，二楼为木质地板。一楼与二楼中间建室内楼梯，楼梯较狭窄陡峭，只容一人上下。

王淑任府古楼 坐北朝南而建，为二层楼房，砖石木结构，墙厚1米，高10米。南北进深4米，东西面阔8.5米。木棂窗，木门，硬山灰瓦顶。一层用方石垒砌地基1米，二层用青砖砌成。一层设一门二窗，门窗上梁为石头横梁。门窗为长方形，上梁为石头过梁。二层正面设三窗，长方形，木棂窗，窗上梁为石头横梁。一楼为方砖铺地，二楼为木质地板。一楼与二楼中间建室内楼梯，楼梯较狭窄陡峭，只容一人上下。

王悦衡府古楼（2016年） 王焕尧 摄

王淑任府古楼（2016 年）　　王焕尧　摄

王淑俭府古楼（2016 年）　　王焕尧　摄

王淑俭府古楼　坐北朝南而建，为二层楼房，砖石木结构，墙厚 1 米，高 12 米。南北进深 5.2 米，东西面阔 9 米。木棂窗，木门，硬山灰瓦顶，有透花雕塑楼脊。一层用方石垒砌，二层用青砖砌成。一层设一门二窗，门窗上梁为石头横梁。两山墙各辟一圆窗，上梁为石头过梁。二层正面设三窗，木棂窗，窗上部为砖发券，呈半圆形。一楼为方砖铺地，二楼为木质地板。一楼与二楼中间建室内楼梯，楼梯较狭窄陡峭，只容一人上下。

◉ 四府一寺

位于村南部的南门里以及盐店胡同、西岗子街，是王氏家族十二世王以奇三子王介禧住宅的总称。“四府”指王介禧府、王夙桂府、武解元府（王元熏府）、王元魁府。“四府”现仅存武解元府，其他三府已不存。“一寺”指南寺，即王介禧府设计建造的南花园。

武解元府　位于盐店胡同东侧，是王介禧次子王元熏的府第。王元熏配宫氏，嗣子麟阁，廪贡生，试用训导，历任莘县、茌平县、昌乐县、惠民县儒学正堂，敕授修识郎。王麟阁，王介禧之孙、王夙桂之子，字瑞廷，号云台，清道光十二年（1832）恩科武解元，例授武略骑尉，候选千总。因王麟阁为武解元，故该府被称为武解元府。此府是王介禧与兄长王介祊、王介禟分居时的老宅，宅院设计建造讲究，前后左右 4 个四合院相连贯通，有府背门、厅房、二层青砖楼房。门前有上马石，墙上有拴马桩，门口旗杆高高耸立。武解元府大门在民国战乱时期被拆卖，现仅存旗杆底座。

武解元府旧址（2016 年） 王焕尧 摄

南寺 参见本志“古村风貌 · 布局选址 · 古花园”。

◉ 九门一庄

位于村中部。“九门一庄”是王氏家族十二世王以奇长子王介祊住宅的总称，是王氏大庄园的中心建筑。“九门”是“五大门”和“四大门”的合称，“一庄”指文石山庄。“九门一庄”贯通王氏大庄园南北东西，建有具江南风格的住宅、园林和花园，并设四合院、二进院、三进院、四进院。每个院落均宽绰疏朗，堂屋、东厢房、西厢房、南厢房各自独立。每个四合院都有一个建在东南角，或西南角，或东北角，或西北角的大门及一个小后门。有的在院落中间建正阳大门，进院建东、西跨院，然后分别建二进院、三进院，结构严谨，气势恢宏。每个四合院大门外两侧地上都有上马石，墙上都有拴马桩，院内有水井。

五大门

王氏家族十四世王夙绅五子王悦德、王悦循、王悦徯、王悦行、王悦衡住宅各为一门，合称为“五大门”。“五大门”在南北大街中段 3 个，盐店胡同西首 1 个，西门街东首 1 个。

王悦德府 “五大门”第一门。坐落在南北中心街中段，坐西向东，为王夙绅长子

王悦德府大门（2016 年）　　王焕尧　摄

王悦循府大门（2016 年）　　王焕尧　摄

王悦德的府第（王夙绅住所），是李家疃王氏大庄园的中心宅院。据王氏族谱记载，王悦德府为明朝年间所建，建筑年代早于“四大门”。门楼的建筑风格和选材都与清乾隆之后所建的“四大门”不同。“四大门”多选用青石和加工精细的方块石，所用青砖较小，门楼或高大或灵巧，门楼挑尺迎风砖有精美的雕刻吉祥物图案装饰。王悦德府庄重朴实，门楼略显矮宽，但仍是五脊硬山出岫广开门，砖石结构精刷细錾，大门前后檐梁中间过木选用宽大独条长石细錾水刷，条纹清晰，门楣、迎风板木质浮雕彩绘。进大门是影壁墙，左右各有小门，向右通往三弟王悦徯府，向左进入四合院。院中客房（东屋）有府背墙、府背门与厅院相隔，天井全用河卵石镶嵌铺地，以青砖勾勒线条。西屋是主房，门前三级台阶，有月台；东屋为客厅；南北为厢房。西南角有一小后门通往五弟王悦衡的宅院及后宅。该宅院房屋门楼都不算高大，石材选用黄色沙石，方子石加工较粗糙。王氏大庄园中，有 3 处宅院门楼建筑风格、选材用料与此类似，一是西门街上的武亚元府宅院，二是盐店胡同中的王悦行府宅院，三是南北大街东侧的原王宣化府宅院。

王悦循府　“五大门”第二门。坐落在西门街东首街北、豹山溪以西的崖头上，坐北向南，为王夙绅二子王悦循的府第，是王氏大庄园中保护最完好的宅院，也是当年建造最豪华的住宅之一。五脊硬山六柱，出岫广开门楼，斗拱飞檐，青砖透花雕塑花脊、哈巴狗、张口兽。砖石木结构，用料考究、做工精细，石雕、木雕、砖雕、砖塑花草禽兽吉祥物。门前五级台阶，门楼高 10 余米，宽 4 米。两扇大门高 2.8 米，宽 1.8 米。大门双框双砧，左右门框中间雕刻篆书“寿”字。两扇大门高 2.3 米，单扇宽 0.9 米，厚 0.08 米。中间两道活动插关，三节长型铁环（俗称铁环链子），两门与门槛处有铁制暗锁，大门青石腰砧，门后有直径 12 厘米的圆形腰杠眼，腰杠选直径 10 厘米、长 2 米的坚硬老榆木。大门内外把子、根脚青石水刷磨光，水磨青砖清缝，门厅内外有四根直径 40 厘米的木柱支撑前后两条大檐梁，中间墙内暗藏两根，立柱下有青石鼓型支柱石，前后左右有横木连接，顶部托檐檩横木成龙头样探出立柱，有稳定檐檩和装饰作用，稍下平门楣处有祥云木雕点坠，支柱呈华表状，门前厅两侧看墙有青砖浮雕，竹节镶边内龟背图案。前后檐檩上托两节椽子拔台连接上翘，形成斗拱飞檐、滴水小瓦。檐檩之下有上、中、下三层木雕，组成门楣悬冠，刻有花鸟禽兽，做工精细。上层厚重长方木框内，四片浮雕荷叶分隔三组透花木雕，中间一组祥云中两只蝙蝠抱拥篆书“寿”字，两侧牡丹花中一对喜鹊相对戏鸣。中层精巧的长框内中间透雕蝙蝠和篆书“寿”字。两边各有两组龙花拐子、团龙、蝙蝠、蝴蝶结木刻透雕。下层两角透雕富贵牡丹。门楼挑尺左侧青石卷轴精工浮雕松鹤图，之上迎风砖雕凤凰牡丹，悬冠雕塑茶壶、花瓶、香炉笔墨纸砚，寓意书香门第平安富贵。上雕彩带荷叶。右侧挑尺青石卷轴浮雕松鹿寓意寿禄。迎风砖雕一枚芭蕉叶寓意“一夜翻身”。正中苍松麒麟寓意“镇宅避邪科甲开泰”，悬冠茶具、香炉，上雕宝剑两把镇宅避邪。大门以东 30 米，是庙前券门。自庙前进券门，至王悦循府大门，路面全用方子石铺成。大门与券门之间，坐北向南是王氏私塾学堂。坐东向西迎着门楼山墙是关帝庙大门。庙前东西大街上有券门一座，是李家疃四个券门之一，砖石结构，高 6 米，宽 3 米。在这群建筑的衬托下，王悦循府显得特别高大。

通过府背门进入第一个四合院，正面为厅房。主房坐北朝南，四梁十柱出厦贯堂大厅房，出厦廊阁四根大柱支撑檐檩，斗拱飞檐，檐檩下立柱间有花格花牙相衬木雕点坠，廊阁两头青砖雕刻竹节镶边，内平铺六角龟背型浮雕。厅房四角挑尺迎风砖各雕吉祥图案，半米高透花砖塑大脊、哈巴狗、张口兽。东西厢房，前后四合院，七门贯通。前后天井用河卵石铺设。后四合院用河卵石以青砖相隔铺成八卦图案地面。四合院每座房子建筑都非常精美，别具特色。后院堂屋为石灰岩石水刷方子，每块长达 2 米，无缝砌成。各房在房中设地炉取暖，后院小侧门直通后花园——怀隐园。

王悦徯府 “五大门”第三门，坐落在南北大街中段街西，是王夙绅三子王悦徯的府第，单壁挑门楼，进门有影壁墙，院内有一个小天井，鹅卵石铺地。大门内左右有门。左侧小门向南通往王悦德府，向西通入后院。右门进入王悦徯府主院，与院内北屋相对应是三间南屋。东首一间是过道门，门楣有木制花格；西二间是客屋，前后有窗，设有地炉。北屋高大宽敞，五级台阶，有月台。木制花格墙将三间堂屋分为两明一暗三室。穿过前院是一所非常宽敞的四合院，院内各房中全部有地炉取暖。四合院又有后门与左院相通。

王悦行府 “五大门”第四门，坐落在盐店胡同西首街北，为王夙绅四子王悦行的府第。宅院建于清乾隆年间（1736—1795），建筑面积200平方米。五脊硬山六柱，出厦广开门楼，斗拱飞檐，青砖透花雕塑花脊、哈巴狗、张口兽，门楼挑尺迎风砖雕刻有精美的吉祥物图案。砖石木结构，用料考究、做工精细，石雕、木雕、砖雕、砖塑花草禽兽吉祥物，栩栩如生。门前三级台阶，门楼高8米，宽4米。两扇大门高2.8米，宽1.8米。其院落有青砖雕刻影壁墙，砖瓦结构四合院，河卵石铺设地面、天井。

王悦徯府大门（2016年）　　王焕尧　摄

王悦行府大门（2016年）　　王焕尧　摄

王悦徯府院内河卵石地面（2016 年） 王焕尧 摄

王悦衡府大门旧址（2016 年） 王焕尧 摄

王悦衡府 “五大门”第五门。坐落在南北大街中段街西王悦德府南侧，是王夙绅五子王悦衡的府第。门楼五脊硬山出厦门楼，坐西向东，斗拱飞檐。从大街地面到门槛设有三级台阶，门楼高 8.02 米，宽 3.8 米，门槛高 0.43 米。两扇大门高 2.23 米，单扇宽 0.85 米。青石腰砧内有直径 10 厘米的腰眼、腰杠，门上独条过木石细工雕琢。该府已拆卖，只存孤楼一座和东西厢房。王悦衡府古楼是李家疃村幸存的三座古楼之一，也是修建最好的一栋，有透花雕塑楼脊。因无人居住，年久失修，房顶已破漏。

四大门

王氏家族十五世王悦斌四子王淑仁、王淑佺、王淑信、王淑仕的住宅各为一门，合称为“四大门”。“四大门”集中建在李家疃南门里，其中 3 个在牌坊街，1 个在南北大街中段。“四大门”东临豹山溪、庙子沟，南始南寺，西至南北大街，北到西门街，设计巧妙、布局合理，门门相对、院院相通，大门外貌及宅院风格基本相同，南北相连成片，中间自成一街，将牌坊街与南门街相连。

王淑仁府 “四大门”第一门。坐落在牌坊街东首南侧，为王悦斌长子王淑仁的府第。门楼为砖石结构，五脊硬山，采用青石细錾水刷，黑砖清缝，四角青石挑尺精工细刷，前后迎风砖浮雕寓意福禄寿喜、万事如意。房脊塑哈巴狗、张口兽。门楼高 5.6 米，宽 3.62 米，门槛高 0.5 米。两扇大门高 2.29 米，单扇宽 0.8 米，两侧有腰砧，内有腰眼、腰杠。门上迎风板有彩色刻绘暗八仙图案，与大门东侧节孝坊底座上的八仙石雕相呼应。西跨院外墙上有 3 个拴马桩。进大门是客房，前后有窗，东西有门，“一房管两院”，贯通东西两个四合院，大门内左右各有小二门一个，西院是主院，东院为配院，向南纵深有后院。客房与主院有府背墙、府背门相隔，院内西屋主房门前三级台阶，前出厦大厅房，有后门直通西后院。南北厢房，北厢房门前有前出厦，前后开窗，宽敞明亮。该

王淑仁府大门（2016 年）　王焕尧　摄

王淑佺府大门（2016 年）　王焕尧　摄

宅东西三进院，七门相冲，自东向西院落渐高。南北两进，院院相通。南院后院有习武厅、练武场，东南角开设大车门一个，直通南门街。院内水井、石碾、石磨俱全。总占地面积 2500 平方米。另在牌坊外南门街东有车马院一处。

王淑佺府　“四大门”第二门。坐落在牌坊街西首北侧，为王悦斌二子王淑佺的府第。此宅是王氏十二世王以奇购买李家疃旧宅后，规划建设的第一个宅院。建设中拆除了较低矮的旧房，拓宽拉直南北大街。五脊硬山出厦门楼，坐北向南斗拱飞檐，从大街地面到门槛设有五级台阶，门楼总高 7.02 米，宽 3.80 米，门槛高 0.43 米。两扇大门高 2.23 米，单扇宽 0.85 米。青石门砧、腰砧，腰砧内有直径 10 厘米的腰眼、腰杠，门上独条过木石细工雕琢。两侧托尺、挑尺之上青砖浮雕下有祥云，中间两条草龙相抱篆书“寿”字，上有莲花座图案，寓意“隆福”。门楣透花木雕云龙盘结。门上悬御匾，刻有“风云节孝”四字。门前一对上马石，青石旗杆底座，街两侧墙壁上镶嵌 12 个拴马桩。进大门建有高大的影壁墙，偌大的“福”字先入眼帘；底座为青石浮雕图案，中间二龙戏珠，左侧莲花、莲蓬、翠鸟，右侧喜鹊登枝，做工考究，雕刻精细，彩色描绘。影壁墙左侧设有圆门（小二门）。进门六间沿街南屋为客房，前后开窗，宽敞明亮。院中府背墙、府背门将宽大的四合院与客房小院分开。府背墙与客厅间形成一个面积不大但极为幽雅的小院。过小院向西是一小杂院。客人到访时在客厅等候，主人应允方能入内。府背门四柱亭阁式建筑，木雕彩绘，进府背门是宽敞的四合院，贯堂前出厦大厅房、东西厢房。纵深直通中院和后院。过厅房进中院，是府背墙和小二门，中院是东西厢房和北厅房，贯通后院。厅房后门平时不开，只在重大节日和红白大事才打开，可贯穿南北两个四合院。大门东侧有门房两间，影壁墙右侧经小二门，是通往后院的巷道。2.5 米宽的巷道环绕前院进后院。巷道植紫藤，自春到秋覆盖整个巷道，更显幽深。后院是一个标准的四合院，在北堂屋门上悬有御匾，刻有“筠节冰心”四字。

王淑佺府宅院落成后，院西南北大街仍遗留着明朝王宣化的房屋砖石后墙，旧墙全用黄色粗糙的方子石砌成，相隔不远就有一处错台拐角。拐角错落有致，是专门为防御而设计的。西院墙在南北大街上冲盐店胡同设有便门。院内有内门与王淑信府相通。新宅建成后，院西残墙未拆除，遗留至今，宅院总占地 1500 平方米。当年王悦斌母子居住在此宅，家族兴旺，五世同堂。王悦斌与子孙奉旨为母亲立节孝牌坊。

至清光绪末年，王氏家族受吸毒之害，商铺、土地变卖，豪华的三进宅院先后被拆卖，至新中国成立前仅留下后院的东西厢房。

王淑信府 “四大门”第三门。坐落在南北大街中段街东侧，为王悦斌三子王淑信的府第。紧靠王介坊祖宅，在王淑佺府建成后动工修建，大门完全按王淑佺府门楼样式规格建造。大门坐东向西，与王介祊老宅斜对，五脊硬山出厦式门楼，砖石结构用料考究，根脚石、门砧、腰砧、悬砧、托尺、挑尺选用巨大青石细錾水刷，内外门把子水磨青砖清缝，大门过梁整块沙石长条细錾雕刻，花纹清晰。门前五级台阶，门槛高 0.45 米。两扇大门高 2.23 米，单扇宽 0.85 米，厚 0.08 米，方木构成，中间有两道活动插关，三节铁链环，两扇大门与门槛之间镶嵌铁制暗锁。腰砧厚重，内有直径 10 厘米的腰眼、腰杠。门楼斗拱飞檐，青瓦花脊，雕哈巴狗、张口兽。前后左右挑尺、迎风砖精工雕刻吉祥图案，门楣木雕花格简单明了。正面左侧挑尺青石卷轴精工浮雕秀竹，迎风砖塑祥云、两只蝙蝠中间篆书“寿”字、蝴蝶君子兰、狮子绣球及芭蕉叶。正面右侧挑尺雕有兰草、祥云福寿罗汉竹、狮子绣球、芭蕉叶。大门里面左侧有荷叶、松鹤、蜡梅、松鹿，右侧有祥云、蜡梅、鹿、荷、菊、兰。院内有水井。中院四合院，堂房宽敞高大，重梁挂柱三大檩，门窗宽大明亮，五层檐头砖雕花，两头迎风砖“福禄”二字对称。北堂屋西山与西厢房北山的檐口构成犬牙交错之状。北堂屋门前五级台阶，有月台。西厢房为书房，房中有粗大木

王淑信府大门（2016 年）　　王焕尧　摄

王淑仕府大门（2016 年）　　王焕尧　摄

柱，前后有窗子，后窗为方形。前窗圆形冰凌花格，寓意“十年寒窗冰花格”。前窗外侧用 16 块像古装书本的精美砖雕组成，寓意行万里路、读万卷书。此房中木柱横梁右下侧有一方窗，利于采光，横梁明窗，是读书习字的好地方。此屋火炕前炉坑内设有地道，可通到前院水井。在前院大北屋地下也设有地道，地道内有土炕，墙壁上有油灯窝子。中院设有东厢房，东南角设小门，向西南进入后四合院。向东又有门通至东院，东院开后门，门楼别致精巧，门前有平台，设十余级台阶通往庙子沟。

王淑仕府　“四大门”第四门。坐落在牌坊街东首街北，为王悦斌四子王淑仕的府第，是“四大门”中建造最晚的一个宅院。门楼与王淑佺府样式相同，五脊硬山，青砖黑瓦，斗拱飞檐，青砖雕塑透花楼脊，配哈巴狗、张口兽石雕。门楼高 9 米，宽 4.5 米，五脊硬山出厦式门楼，砖石结构用料考究，根脚石、挑尺选用巨大金黄色沙石细錾精刻，门砧双砧、腰砧、悬砧、青石水刷磨光，内外门把子水磨青砖清缝，大门过梁整块沙石长条细錾雕刻，花纹清晰。门前五级台阶，双框双砧，双门框宽 0.5 米，出厦广开门。门槛高 0.45 米，两扇大门高 2.23 米，单扇宽 0.85 米，厚 0.08 米，中间有两道活动插关，三节铁链环，两扇大门与门槛之间镶嵌铁制暗锁。腰砧厚重，内有直径 10 厘米的腰眼、腰杠。前后左右沙石挑尺、迎风砖精工雕刻吉祥图案，前后大檐檩上两节椽木拔台连接形成斗拱飞檐，滴水小瓦，两稍猫头点坠。

正面两侧挑尺选用沙石（熟石）错台细錾精工制作，两侧迎风砖雕塑吉祥图案各不相同。左侧自上而下是五只蝙蝠和富贵牡丹，中间迎风砖雕四周竹节为边，中有苍松双鹤，松鹤之下是两只蝙蝠相抱篆书“寿”字，底部是一对如意。右侧最上同样是五蝠冠顶，下有菊花牡丹，中间为竹节边框，内雕喜鹊登枝、双蝠捧寿，下为卷书喜报。内面挑尺同样沙石细錾，左侧砖雕图案自上而下是独支荷叶、五蝠、竹节边凤凰牡丹图、荷叶花，底部是彩带宝剑。右侧上有大荷叶、祥云蝙蝠、荷花及一对翠鸟，底部为卷书喜报。

王淑仕府门楼比其他三门更显华丽和商贾之气，主要体现于门楼五条青砖雕塑花脊，前后左右四条斜山楼脊有雕塑方砖镶嵌，滴水板瓦顺势排列，猫头瓦点坠，板、桶瓦压脊。配有哈巴狗、张口兽石雕，横脊高达半米，青砖透花雕塑花鸟、虫兽、吉祥物。正面中间是通透制钱圆球彩带图案，寓意钱眼通天；两侧是两只摇头摆尾的威武雄狮，狮子绣球，寓意镇宅避邪、招财进宝。再外两只鸱吻兽相对，鸱吻为鳞虫之长瑞兽龙之第九子，属水性，用它作镇邪之物以避火；两侧是富贵牡丹。对面内侧中间有一只貔貅、一株摇钱树；两侧有两只凤凰相对，寓意凤凰不落无宝之地。

进大门影壁分左右两门两院。左院是主院，有圆门进入，院内有沿街南屋四间，南北对开，窗子宽敞明亮，沿街房一色青石方子石砌墙，窗子有方形、圆形，青砖花边镶嵌，以作客房之用。客厅与主院有府背墙、府背门相隔，形成一个不大的院子，院内有翠竹太湖石，显得格外幽雅。府背门为四柱亭阁木雕彩绘，入府背门是宽大的四合院，院内设北厅房、东西厢房，东北角有配房，设有便门与后院相通。

大门右侧设有门房两间，用于看家护院，东西两院之间有巷道通往后院。院中有前后左右四个院落，院内有太湖石、地窖暗房（金银库房）等，院中有院，门内有门，别具匠心。进右门是一条 2.5 米宽的内巷，巷子右侧是跨院，院中南屋是地下地上二层砖石瓦房，地下室用方子石砌成，3 米高，面积 20 平方米，用于避难和贮藏贵重物品。室内有地道通往院外及牌坊东南的水井。从内巷进入后宅又有左右两个四合院。院院都有小二门、府背门。院内房屋全为砖石结构，精工建造。房子皆重梁挂柱，宽敞明亮，门前设 2 平方米的月台，五级台阶。左右植酸甜石榴树两棵。自光绪末年到民国，前后四进院落陆续被拆卖，仅剩后院一完整的四合院、前东院一座厅房，至新中国成立前厅房也被拆卖。

王淑仕府进小二门后的过道（2016 年）王焕尧　摄

王淑仕府四合院北屋（2016 年）　　王焕尧　摄

王淑仕府四合院南屋（2016 年）　　王焕尧　摄

王淑仕府府背门（2016 年）　　王焕尧　摄

王淑仕府四合院东屋（2016 年）　　王焕尧　摄

王淑仕府四合院西屋（2016 年）　　王焕尧　摄

文石山庄　是王氏大庄园三大花园中最大的一个，集南北园林特色于一体。券门为弓形，坐西向东，砖石结构，宽 4 米，高 6 米。门正上方镶嵌青石门匾“文石山庄”，青瓦盖顶。

进券门后，分南北两园。北园有人造假山、人工湖，园内山上山下收集了大量奇形怪状的文石，豹山溪水穿过村中庙子沟后从园中绕过，形成人工湖。“文石秀竹，山水相映”，故取名为文石园。文石园坐北向南，园门青砖圆形，门上青石匾额书“文石园”三字。园内东侧有豹山溪水从文石园小桥下静静流过，并有池塘、凉亭；西侧有砖石客厅 3 间及假山鱼塘；园门正面有人造假山，高 10 米，东西长 20 米，山上有观景凉亭，山下有空洞暗室。山上置奇形怪状金黄色（沙石）文石，称为“金山”。园中奇花异草，山石湖水相互映照，与园外青龙山、青阳河及云雾缥缈的白云山浑然一体。文石园中的假山又叫“小北山”，山上有凉亭。清咸丰九年（1859），李家疃村建成圩墙，北门炮台就设在文石园中小北山上。出文石山庄西门向北直达王介褆府的大花园——牛角园的

怀隐园大门（2016 年）　　王焕尧　摄

怀隐园内的流苏树（2016 年）　　王焕尧　摄

怀隐园内的“银山”（2016 年）　　王焕尧　摄

怀隐园内的“金山”（2016 年）　　王焕尧　摄

后门，向南则是酒店胡同。

文石山庄的南园即王介祊府的后花园——怀隐园，园内及门楼具有南方园林建筑风格。有廊廓与王悦循府宅院、塾书学堂、藏书厅、习武厅、会客厅相连。由怀隐园大门前院进入第二门，有一座人造假石山，系用太湖石垒成。假山呈银白色的部分，称为“银山”；呈金黄色的部分，称为“金山”。假山上放置特大水缸，院内有水井，人工挑水注满水缸，水自山上流下形成瀑布，流入养鱼池。园内种植奇花异草，有树龄在 300 年以上的流苏树、蜡梅、芙蓉、桂花、丁香等，取“金山银山有余粮，富贵丁香美圆满”之意。

◉ 四合院

李家疃明清建筑群中，有代表性的四合院有 3 座，即王悦循府四合院、王淑和府四合院、王淑仕府四合院。其建筑结构基本相同。进大门后，分左右两院。每个院落宽绰疏朗，四面房屋各自独立，对外有前门、后门各一个。

王悦循府四合院　坐落在西门街东首街北、酒店胡同东。大门建在其宅院的东南角，迎门是建在东厢房南墙上的影壁墙。左拐有一走廊，过道南建有南屋，为一进院；迎南屋门是府背门，穿过府背门是二进院，建有北厅房，厅房建有前后门；穿过厅房是三进院。在厅房东侧与东屋之间有一条可容一人行走的过道通往后院，在后院的东北角建有一后门通往怀隐园。

王淑和府四合院　坐落在西门街东首街北、酒店胡同西，大门建在其宅院的东南角，迎门是建在东厢房南墙上的影壁墙，左拐建有一门，进门是前院，北屋建有前后门，穿过北屋是二进院，二进院北屋建有前后门，穿过北屋是三进院。在一进院北屋东侧与东墙之间有一过道通往后院。

王淑仕府四合院　坐落在牌坊街东首街北，大门建在中轴线上，该建筑风格为村中首例。大门前有五级石台阶，中间有 0.6 米宽石板斜坡。大门右侧设有门屋（传达室），进门影壁左右设两院、两门。院中有前后左右四个院落。进右门是一条 2.5 米宽的内巷，巷子右侧是跨院，院中南屋是地下地上二层平房，地下室用方子石砌成，3 米高，面积 20 多平方米。跨院内有三间南屋、三间东屋、三间北厅房，该院是家中习文练武的场所。从内巷进入后宅，又有左右两个四合院，均有小二门、府背门，院内房子全为砖石结构。房子重梁挂柱，门窗宽敞明亮，门前设 2 平方米月台，5 级台阶。

王淑仕府古四合院俯瞰（2016 年）　　王军　摄

◉ 八门一府一园

坐落在西门街上。“八门一府一园”是王氏家族十二世王以奇二子王介禟住宅的总称。“八门”指王淑俊府，王淑佃府，王淑传府北宅，王淑传府南宅，王淑备府，王淑任、王淑俭府，王介禟妻节孝坊，王淑和府；“一府”指武亚元府；“一园”指牛角园。

王淑俊府　坐落在西岗子街北首、西门街西首街北。门楼高 6.5 米，大门宽 2.19 米，门槛高 0.35 米。门楼是四柱框架式砖木结构。该门现已被毁。

王淑佃府　坐落在西门街西段街北，与街南的武亚元府斜对。门楼高 4.8 米，大门宽 1.9 米，门槛高 0.37 米。此宅有 3 个四合院，现 2 个已被拆，仅存东四合院。院内天井用河卵石铺地，东北角设厨房。

王淑传府北宅　坐落在西门街西段街北，西邻王淑佃府。门楼高 5.8 米，大门宽 1.6

米，门槛高 0.29 米。此宅为一个四合院。进大门是建在东厢房南墙上的影壁墙，左拐建有小二门。进小二门是四合院，正房为三开间北屋，东西为三开门厢房，均为硬山顶建筑。

王淑传府南宅 坐落在西门街西段街南，西邻武亚元府。门楼高 5.6 米，大门宽 1.6 米，门槛高 0.26 米。院内结构与王淑传府北宅基本一致。

王淑备府 坐落在西门街中段街南，西邻王淑传府南宅。门楼高 5.9 米，大门宽 2.12 米，门槛高 0.33 米。坐北朝南，门楼高大壮观。东屋山墙为影壁墙，东西两宅均为

王淑佃府大门（2016 年） 王焕尧 摄

王淑备府大门（2016 年） 王焕尧 摄

王淑传府北宅大门（2016 年） 王焕尧 摄

王淑传府南宅大门（2016 年） 王焕尧 摄

四合院，各有一小巧玲珑的小二门，西为主院，东为配院。中间东西屋两面都有门窗，是主院的临时候客屋。大门西侧设有一间门房。从大门进入小二门，有一道府背墙将主院与临时客屋隔开，府背墙设有造型美观的圆门，贯通东西两院五门。西屋二层楼为主房，一层用精细方子石垒砌，二层用青砖砌成，门前有台阶，门口有月台。北屋是宽敞明亮的四柱大厅房。天井用河卵石铺成，图案活泼美观。大门内有便门与左右邻院相通。该宅大部楼房被拆卖，只留门楼、东院北屋小二门和中间的一座东西两用屋，其他房屋都是后来在原房基上修建的。

王淑任、王淑俭府　坐落在王淑备府的斜对面。门楼高 5.9 米，大门宽 2.1 米，门槛高 0.33 米。该府大门早已拆卖，院内有 3 个四合院，前后 2 座二层楼房，院内有水井、石碾、石磨。该府是李家疃古建筑群中保护最完善的一个宅院，其门楼、楼洞、影壁墙、天井的建筑风格及布局各有特色。门楼青砖小瓦，大门有门槛，两木门中间有一根立挺，平时只开单扇门出入。影壁墙在楼洞内，向左经圆门进入四合院天井，天井用河卵石铺地。向右设一便门，通往北大门各院和后院。

王介禧妻节孝坊　参见本志“古村风貌·布局选址·牌坊”。

王淑和府　坐落在西门街东段街北，西邻王淑任、王淑俭府，东邻酒店胡同。门楼高 5.9 米，大门宽 1.86 米，门槛高 0.28 米。府内设有小二门，院内四合院砖瓦到顶，北屋是过堂屋，向后直通两个四合院，南北五条房脊一线。

王淑任、王淑俭府北大门旧址（2016 年）　　　　王焕尧　摄

王介禟妻节孝坊旧址（2016 年）　　王焕尧　摄

王淑和府大门（2016 年）　　王焕尧　摄

武亚元府　坐落在王淑俊府东侧。王氏家谱载："悦凝：配张氏生子一（淑佐），公字观成，号冠英，清同治六年（1867）科武亚元，候选营千总。例授武略骑尉。"因王悦凝为武亚元，故该府被称为武亚元府。门楼高 5.1 米，大门宽 2.17 米，门槛高 0.33 米。大门门楼四柱框架式砖木结构，青砖黑瓦，红漆大门。

府内影壁墙配有精美的花岗岩石浮雕。大门两侧有护院门房、候客房，其房内设有地炉取暖。府内设前后两个四合院，厅房、书楼、练武厅布局合理。门前有上马石，墙上有拴马桩。旗杆底座高 1.5 米，长、宽各 1.2 米。

武亚元府大门（2016 年） 王焕尧 摄

牛角园 参见本志“古村风貌·布局选址·古花园”。

◉ 街道

李家疃村以西门街、南北大街为轴线，构成“品”字形三大宅区。村中设有酒店、盐店、当铺，形成各具特色的街道。传统街道主要有南门街、北门街、西门街、东门街、南北大街、牌坊街、盐店胡同、酒店胡同、花园街、西岗子街。

南门街 建于清代，贯穿李家疃南北两门。是王氏大庄园形成较晚的街道，南北长 200 米，东西宽 8 米。从南门进村到东门街、牌坊街交叉处是王淑仕府的东南角。该交叉处向西是南牌坊和牌坊街。南牌坊前有一个宽阔的平地广场，对面是悦宾大酒坊。酒坊门前有一口水井，井边有石凳石桌。水井南边是王淑仕府马车店。交叉处向东是东门路，溪水清澈，溪边有参天古槐、池塘、土地庙；向北沿庙子沟是北门街（从东来的豹山溪在此回旋北流）。南门街有古树旧宅、牌坊小庙、桥路井店、溪水池塘。路人可饮马歇脚，村人可喝茶聊天。

北门街 建于清代，是沿豹山溪自然形成的街道。牌坊街向北出北门一直到扒头崖子为北门街，南北长 500 米，宽 10 米。早年常年流水，为方便出行建有一座双孔石桥，

南门街（2016 年）　　王焕尧　摄

北门街（2016 年）　　王焕尧　摄

连接李家疃和太平庄。桥面宽 3 米，东西长 8 米，桥上桥下、东西南北都相通。北门街是李家疃村的中轴线，大街西部为明清建筑群，东部为新村。

西门街　建于明代，用方子石铺设路面，是李家疃东西方向的主要街道。自西门起向东穿过西岗子街、南北大街、酒店胡同，过庙子沟一直到曹家祖茔，全长 1000 米，是贯穿李家疃东西的唯一街道，也是全村最长的街道。早年，西门街只是李家疃村北从章丘官庄、台头穿越青龙山与凤凰山过青阳河通往淄川的一条古道。明初王氏定居在村东北角的古道边，随着王氏家族的发展壮大，东西方向在古道两侧、南北方向在西岗子两侧扩建房屋形成街道。明初，路南主要是唐姓住宅区，路北是王氏长支住宅区，西岗子两侧多为王氏次支住宅区。现存的西门街，始自西岗子，东到西关帝庙旧址前。

东门街　建于明代，是李家疃最古老的街道。东门街、北门街都是沿溪自然形成的街道。自东门进村，向西至牌坊街为东门街，全长 800 米。清咸丰三年（1853）修圩墙，东门、北门分别建在庙子沟两头。东门外尚有两棵古树。左边一棵是国槐，为王姓

西门街（2016 年）　　王焕尧　摄

东门街（2016 年）　　王焕尧　摄

种植；右边一棵是黄连，为曹姓所栽。东门街自东门到牌坊街，沿豹山溪两侧分别是曹家券门、曹家大院、史家胡同、邓家胡同、朱家胡同、赵家胡同。豹山溪上有石桥4座，第一座建在曹家券门南侧，第二座建在朱家胡同，第三座建在东关帝庙对面，第四座建在王悦宾大酒坊门前。四座桥都用3~5块长条石建成。东门街近牌坊街处南北有两个车马院，南院是王悦宾酒坊，北院是王溆仕府的车马院。直冲东门街是一个大水湾，此处是东门街、北门街、南门街和牌坊街的交叉路口，有石桥相连。

南北大街 建于明代，是王氏大庄园的中心街，清朝时进行了大规划建设。现有明代老墙，由南而北接牌坊街、盐店胡同、酒店胡同、西门街，南起南寺，北至西门街，南北长300米，东西宽6米。明朝时期，南北大街两侧居住着王敦化、王如化、王宣化、王推化、王时化等王氏子孙。至清乾隆年间（1736—1795），除少数王敦化子孙的宅院外，南北大街两侧住宅已尽数归王如化子孙所有。街东是王溆佺府，冲盐店胡同有王溆佺府的侧门。中段坐东向西建有王溆信府，对面并排建有“五大门”中的3个大门，自南向北依次为王悦衡府、王悦德府、王悦徯府。街北首与西门街交叉处有一个大水湾，是王氏大庄园的中心，也是西门街与南北大街的交叉点。湾边柳树成荫，有太湖石、元宝石、石桌、石凳。

南北大街（2016年） 王焕尧 摄

牌坊街 因清嘉庆年间（1796—1820）王悦斌奉旨为母在此建节孝坊而得名。是自庙子沟、南门街至南北大街的一条东西向街。牌坊街南北宽8余米，东西长不过百米。街东首是王夙纶妻于氏节孝坊，西首是一座青砖砌成的券门。街两侧是建筑精美的沿街客房，外墙全用方块青石一砌到顶。沿街窗子宽敞高大，造型各异，有方形、圆形、下方上弧形，由青砖雕刻镶边，墙上均匀镶嵌着一个个用青石雕琢的拴马桩。东首斜对着两个大门，两侧没有拴马桩。只因此处有牌坊，且为皇帝所赐，经过此地文官下轿、武官下马，当然更不能在此拴马。牌坊门前有旗杆底座，两侧有上马石。券门砖石结构、青瓦盖顶，能过车马。券门在“破四旧”时被拆。

盐店胡同 是自南北下街至西岗子街的东西大街，明朝中期至清康熙年间是五世王士奎的三个儿子王推化、王宣化、王运化的住宅区。清乾隆年间（1736—1795），王夙绅曾任守御所千总、武德骑尉，是漕运总督所辖守御所主官，掌管山东屯田及领运漕粮、官盐等事。从寿光、乐安（今广饶县）运来的官盐存放在此街路南的车马院仓库内，由此按计划分发到各地，同时王家受官方委派设店卖盐，故名盐店胡同。路北西首是王悦行府，其与武解元府之间有一条通往王悦衡府西宅的内巷。后来又在此街开设当铺，因此又叫当铺街。街宽8米，长不足百米。巷东是武解元府，现存盐店胡同街南的两个宅院是王氏十一世王睿的住宅区，早年向西过西岗子街均为王睿后裔居住。

盐店胡同（2016年） 王焕尧 摄

酒店胡同（2016 年）　　王焕尧　摄

酒店胡同　南起西门街，北至文石山庄。胡同全长 200 米，宽 2.5 米，南北首各有大门，是王氏大庄园中的一个内巷，王家酒楼、酒店设在巷内。王府酿酒有五百年历史，用传统工艺酿制白酒、黄酒，同时也酿制食醋、酱油，主要供府中适用，也销往外地。因酿酒，设酒店、酒楼，待客卖酒，故称酒店胡同。巷东是王悦循府，巷西是王淑和府。

花园街　为文石山庄内通往文石园与怀隐园的一条内巷，与酒店胡同、牛角园相接，长 40 米，蜿蜒曲折。从文石山庄券门进入花园街经过文石园与怀隐园时，可以入园游览。

西岗子街　西岗子是李家疃村西的一条高岗，起于南河轿杆地大石冢子，经西南坡、果园、西门街、北门、扒头崖子、古石灰窑蜿蜒盘绕青龙山，止于刘河洼庄北。形似昂首摆尾的巨龙意欲腾飞，村民称之为腾龙，因此西岗子又被称为腾龙岗。这条高岗从南到北，岗子以西至青阳河是东高西低，岗子以东至庙子沟是西高东低。西岗子街北起牛角园，南到王介禧府，中间穿过西门、盐店胡同与南北中心街并行。此街形成于明代，王氏五世王穆、王士通、王士达、王士奎子孙居住于此。清乾隆之后已全归王如化子孙所有。西岗子街是李家疃自然变迁、战乱以及人为拆建的见证。相传东魏年间青阳河爆发特大洪水，淹没了土鼓县城和豹山溪两岸的李家疃，村庄随即西迁至西岗子以西，直到元朝居民仍多居于西岗子西，现仍有遗迹。到明朝王姓迁入前，就有人住在西岗子，王三老子孙以西门街、南北以西岗子街为轴线向东、向南发展。至清乾隆年间（1736—1795），王如化之后王睿子孙多在西岗子街、盐店胡同居住。清末民国初西岗子街以西基本废弃。

◉ 文物　遗址

李家疃遗址　位于李家疃村西西岗子，1987 年村民取土时发现。遗址呈“V”形平台。分布面积约 1 万平方米。从断崖上可见文化堆积和包含物。经文物专家鉴定，出土的红陶鬶足、鬶把、纺轮等器物残片，属于龙山文化时期。该遗址的发现，为研究王村地区新石器文化聚落分布提供了新的资料，被列为周村区第三次文物普查登记文物。

唐家石屋遗址　据《淄川县忠信乡唐氏族谱》记载：“唐氏世为淄西青龙山东李家疃人，疃东唐家山山南，唐氏石屋固在也。”唐姓始祖唐克明，元大德年间（1297—1307）迁入李家疃，居住在村南青阳河两岸 1500 米长的一片天然石灰岩石洞内。此处最高处海拔 190 米，最低处海拔 160 米，有大小不一的十几个石洞，最大的山洞面积 15 平方米左右，最小的山洞面积 8 平方米左右。临水朝阳，冬暖夏凉。因唐姓最早在此栖身，故名唐家石屋。明洪武三年（1370），王姓始祖王三老母子迁入李家疃，最早也是在此居住。之后，很多穷人和佃户也都曾在此居住。二十世纪六七十年代，王村人民公

唐家石屋遗址（2016 年）　　王焕尧　摄

社在李家疃村开采焦宝石，在此建炸药库时炸毁了一个石洞，后来村民建焦宝石窑时又毁了几个，现仅存 5 个石洞。

上马石 明清时期，李家疃王氏家族的大户人家门前都有上马石，现仅武亚元府门前存有一块。上马石呈阶梯状，高 65 厘米，宽 45 厘米，长 145 厘米，一般都用青石打造而成。上马石一般是成对设置，安放在大门外两侧。

拴马桩 李家疃村的拴马桩，一般砌在墙体上，有的与墙体齐平，有的高于墙体。拴马桩用石材打制而成，不饰雕琢，粗犷豪放。中间留有一个可以拴马缰绳的把手，两边各留有一洞，便于拴马。拴马桩既用以拴系骡马，也是家族和财富的象征，还被视为镇宅祛疾、迎祥纳福的吉祥石。现村里共有 41 个拴马桩，其中牌坊街上的王淑任府墙上 3 个、王淑佺府墙上 12 个，南北大街上的王荣亨府墙上 2 个、王光映府墙上 1 个、王悦徯府墙上 2 个、王淑备府墙上 3 个，盐店胡同上的王锦秀府墙上 2 个，西门街上王

上马石（2016 年） 王焕尧 摄

拴马桩（2016 年） 王焕尧 摄

悦循府墙上 4 个、王淑和府墙上 1 个、王淑备府墙上 2 个、王淑传府墙上 4 个、武亚元府墙上 5 个。

石磨

李家疃村的古石磨有旱磨（用以磨面粉）和水磨（用以磨糊糊）两种。

旱磨 是用人力或畜力把粮食去皮或研磨成粉末的石制工具。由两块尺寸相同的圆柱形石磨和一个磨盘构成。石磨和磨盘一般是架在石头或木材搭成的台子上。接面粉的磨盘在下，其上摞着石磨的下扇（不动盘）和上扇（转动盘）。两扇磨的接触面上都錾有排列整齐的磨齿，用以磨碎粮食。上扇有两个（小磨为一个）磨眼，供漏下粮食用。两扇磨之间有磨脐子（铁轴），以防止上扇在转动时掉下来。大型石磨直径超过 1.2 米，用 3 匹马同时拉动，25 千克粮食磨一遍需要 10 多分钟；中型石磨直径 0.8 米，一个人或一头驴就能拉动；小型磨直径不足 0.4 米，个人用手摇动，用于磨花椒面等。

石磨（2016 年） 王焕尧 摄

石碾（2016 年） 王焕尧 摄

水磨 构造与旱磨基本相同，只是上下扇的厚度比旱磨厚 10 厘米，主要用于磨豆腐汁和煎饼糊。

石碾 是一种用石头和木材等制作而成的工具，由碾盘、碾磙子、碾框、碾棍孔组成，是农家加工粮食的主要工具。李家疃村有石碾 6 盘，在曹家胡同、朱家胡同、盐店胡同、西门街东首、西门街西首、酒店胡同各有 1 盘。

墓碑 福侯碑是王氏祖茔碑林中唯一幸存的石碑，是王氏第十三世王介禧的墓碑。王介禧（1733—1790），字福侯，国子监生，例封武略骑尉，一生习文练武，经商治家有道，教子有方。清道光十七年（1837）子孙为其立此碑。碑高 1.7 米，宽 0.72 米，厚 0.7 米，重 628 千克。

福侯碑（2016 年） 王焕尧 摄

古券门遗址 李家疃村原建有 4 座券门。北门街北首有一座券门，高 5 米，宽 3 米，青砖砌成，小青瓦顶，上书“文石山庄”。西门街王悦循府东侧有一座券门，高 6 米，宽 3 米，青砖砌成，小青瓦顶。牌坊街西头有一座券门，高 4 米，宽 2 米，青砖砌成，小青瓦顶。东门街曹家胡同有一座券门，高 5 米，宽 2.5 米，青砖砌成，小青瓦顶。4 座券门均在“文化大革命”时被毁。

古庙宇遗址

关帝庙 李家疃村原有 2 座关帝庙，都在豹山溪水边，分为东关帝庙和西关帝庙。

东关帝庙位于东门街邓家胡同南口水井旁。此庙建筑年代不详，砖石结构。庙内中间塑有关公像，两侧配哼哈二将。原建筑总占地面积 50 多平方米，有房 1 间。面阔 3 米，进深 2.5 米。硬山、穹庐式砖券屋顶，上覆琉璃瓦。毁于“文化大革命”时期。

西关帝庙位于西门街北豹山溪水边。明万历年间（1573—1620），王氏六世王如化、七世王世佩父子出资，王敦化捐献豹山溪岸宅地，修建此庙。“文化大革命”之前，庙内有一座石碑，石碑上有碑文详细记载建庙始末，后被毁坏。庙后有王家祠堂，庙西侧是王家私塾学堂。此庙为独立院落，设东、西两门。大殿东有厢房两间，与东庙门相连，院内有古柏两株，树旁立有一座石碑，石碑上刻有“伏魔大帝”四字。大殿建造朴实庄严，砖石结构，自崖子石到房檐全用巨大的黄色沙石、方子石砌成，门框、窗框、窗棂均为一整块石头雕琢而成，并配红漆大门。大殿长 9.9 米，宽 3.9 米，墙厚 0.99 米。庙顶无房梁檩，以青砖弓形发碹而成，青色板瓦、桶瓦一仰一伏，房脊砖雕透花，两侧迎风砖分别刻“风调”和“雨顺”字样。殿内有关公雕塑，四周墙壁有彩色神像和诸葛亮画像。此庙院被拆除后，在原地建成一座大戏台，逢年过节村民都在此处唱戏。

土地庙　位于北门街南首王淑仕府东墙外。此庙是砖结构，小巧朴实。新中国成立后，此庙被拆除，原址建成一个大水湾。

古树

李家疃村古树原有国槐 3 棵、黄楝树 2 棵，均已被砍伐。另有流苏树、凉凉树、皂角树、紫藤树 4 棵古树保存至今。

国槐　李家疃村的 3 棵国槐为明初王氏始祖王三老所植。一棵在村东门外（北侧），1964 年山东生建八三厂修筑运送焦宝石的专线铁路时被砍伐；另两棵分别在牌坊街东口（村南）、西门街武亚元府门前（村西），20 世纪 70 年代均被砍伐。3 棵国槐被砍伐前都有二三人合抱之粗。

砍伐前的李家疃村国槐（村南）

砍伐前的李家疃村国槐（村西）

黄楝树 李家疃村的 2 棵黄楝树为明初曹姓所植。一棵种在东门外（南侧），1964 年山东生建八三厂修筑运送焦宝石专线铁路时被砍伐；一棵种在曹家祖茔，此树有四五人合抱之粗，20 世纪 70 年代被砍伐。

2016 年李家疃村古树名木登记表

表 2

序号	编号	树名	树龄（年）	位置	树高（米）	冠幅（米）
1	GS-001	流苏树	200	怀隐园	6	8
2	GS-002	凉凉树	200	怀隐园	5	6
3	GS-003	皂角树	200	王淑佺府	6	6
4	GS-004	紫藤树	250	王淑仕府	2	1

古井

李家疃村现存古井 15 个，分砖井、石井、砖（石）木混合井等。有的建在沿街，有的建在村民院中。原来普遍使用辘轳提水，有些沿用至二十世纪七八十年代。之后随着自来水普及到户，均不再使用。

明代古井 王介禧府，王介祊府牛角园，王淑任、王淑俭府，王淑佃府，酒店胡同北首，牌坊街东首，西门街东首关帝庙前，东门街曹家券门口各有一口石井。井口均为圆形，直径 80 ~ 90 厘米，井深 15 米左右，都筑有井台。

王悦衡府古井（2016 年） 王焕尧 摄

王淑信府古井（2016 年）　　王焕尧　摄

清代古井　王淑信府、王悦衡府、王淑仁府车马院、盐店胡同中段、东门街邓家各有一口水井，东门街史家有两口水井。均为砖（石）木混合井，井口均为圆形，直径 80 ～ 90 厘米，井深 16 米左右，都筑有井台。

古桥

明清时因豹山溪、庙子沟常年流水，为方便出行，东门街（豹山溪）上建有 3 座石桥，北门街（庙子沟）上建有 4 座石桥。随着时代的变迁，原来的豹山溪被填平变为现在的东门街，庙子沟被填平变为现在的北门街，古桥也已不存在。

东门街石桥　分别建在曹家券门南、史家朱家胡同、东关帝庙对面。3 座桥按同样标准建造，桥长 3 米，桥面宽 2 米，跨径 2 米，桥高 2 米，由 6 条并列的石条组成。桥下可以行车走人。

北门街石桥　在北门街文石山庄券门东侧有 1 座石桥，长 3.5 米，桥面宽 2.1 米，跨径 2.5 米，桥高 1.8 米，由 6 条并列的石条组成。过西门街东崖头街交会处有 1 座石桥，长 4 米，桥面宽 2.5 米，跨径 3 米，桥高 2 米，由 6 条并列的石条组成。北门街南首悦宾大酒坊门前有 1 座石桥，长 3.2 米，桥面宽 2.5 米，跨径 3 米，桥高 2 米，由 6 条并列的石条组成。桥下可以行车走人。最大的一座是西关帝庙前的石桥，桥面宽 3 米，东西长 8 米，为双孔桥，桥孔一大一下，在无雨水时，大桥孔可行车过轿。桥上桥下、东西南北都相通，故被村民称为“立交桥”。

牌坊街一角（2016 年） 王焕尧 摄

古村保护

李家疃村是中国历史文化名村、中国传统村落。该村的明清建筑群规模宏大，整体风貌完整，价值特色突出。改革开放以后，李家疃村“两委”致力于古村保护，成立文物保护领导小组，研究制订《李家疃村历史文化名村保护规划》《李家疃村历史文物保护办法》，将古建筑保护列入村规民约，并建立文物保护档案，组建起专门的保护队伍，定期巡查。在房屋大量翻新的同时，明清建筑群得以完整地保留下来并得到不断维护。至2016年，李家疃村先后获得古建筑修复相关资金1600余万元，《李家疃村传统村落文物保护工程总体方案》得到省文物局审批，并报国家文物局备案。全村已陆续开展了3期文物修复工程。

◉ 总体规划

2009 年 1 月 15 日，为加强历史文化资源遗产的整体保护，李家疃村聘请淄博市规划信息中心编制《李家疃村历史文化名村保护规划》(以下简称《规划》)。规划期限为 2009—2025 年，近期规划目标为 2014 年，中期规划目标为 2020 年，远期规划目标为 2025 年。《规划》贯彻执行“保护为主、抢救第一、合理利用、加强管理”的文物工作方针，正确处理历史文化保护与村庄建设的关系，加强对李家疃村整体历史环境、明清建筑群重点核心区和重点历史建筑的保护，将李家疃村定位为建设成有传统明清建筑特色与时代气息的历史文化名村、文化艺术之村。

保护范围 以王村镇镇域为宏观层次，以李家疃村为中观层面，以村庄西部明清建筑群中的重点历史保护建筑为微观层面。李家疃村庄西部明清建筑群即为李家疃村历史文化保护区，历史建筑规模为 6.8 万平方米，核心区占地面积为 4 万平方米。

规划目标 以明清古建群构建李家疃村历史文化保护区的核心，以青阳河为主轴构建李家疃村的生态绿化景观带，依托丰富的人文历史要素力争将李家疃村构建成文化艺术之村。

规划结构 以历史上形成的“街—村—水—路—田”的景观格局作为保护规划结构的基本要素。以明清建筑群为代表的李家疃人文景观区和以青阳河为代表的生态景观区，形成李家疃村历史结构的主要区域，也是保护规划结构的主要核心。以唐家石屋、“四府一寺”、“九门一庄”、“八门一府一园”、古券门、古庙宇、古圩墙等历史建筑为主的重点人文历史景观是保护区规划结构中的重要节点。《规划》确定古村落为“点、线、面”有机结合的景观格局。“点”是以李家疃村现有多处重点历史建筑为核心，广场绿地均匀分布其间，形成保护区的次中心。“线”是以南北方向穿越明清建筑群的南北大街、酒店胡同为街坊交通主轴线，以东西方向的西门街、牌坊街、盐店胡同为街坊交通副轴线，组成环绕整个古村落的交通及景观游览骨架。“面”是指李家疃村的整体风貌格局。其中以李家疃村最核心的明清建筑群为主要的人文景观区域，也是保护区的主中心。“点、线、面”结合，形成“街—村—水—路—田”交融的特色景观。

规划内容 核心保护区在保护整治中，要求“空间结构完整，传统风貌完好，视觉景观连续”。在核心区内，除了规划确定的保护建设活动之外，不得进行新的建筑工程建设，市政基础设施工程及公共服务工程除外。在核心区周围的建设控制地带内的建设工程，不得破坏核心区的历史风貌，不得进行可能影响核心区安全及其环境的活动。建设工程设计方案应当征得相应文物行政主管部门同意后，报城市规划行政主管部门批准。

《规划》要求不得改变重点历史巷道的走向、宽度、比例，任何单位和个人不得拓宽或侵占巷道用地。要保护巷道两侧界面的虚实关系，不得随意在原有实墙面上开凿门洞、窗洞，也不得随意堵塞原有门洞、窗洞。采取适当措施，保护巷道两侧的青砖，尽可能不更换原有材料；少量必须更换的，要保证更换的新材料与原有的材料协调，同时又能相互区分。整治现有历史街巷两旁的建筑，凸现街巷的优美。

根据建筑价值评估结论，结合环境要素分析，《规划》将李家疃村历史文化保护区内的建筑指定分类保护和整治措施。对文物保护单位和文物建筑的保护方式为修缮，包括日常保养、防护加固、现状修整、重点修复等。对与历史风貌无冲突的传统建筑，建筑质量较好的采用保留的方式。对于与历史风貌有冲突的一般建（构）筑物，通过改变立面、体量和外观的方式进行整修（改造），与历史风貌取得和谐。对于与历史风貌有冲突的一般建（构）筑，且维修和改造都不能处理好与历史风貌冲突的矛盾的时候，建议采用拆除或者拆迁的方式。

保护区所有的文物、历史建筑鼓励为公益目的而使用。保护区应结合旅游、展示体系的建设，将古村落内部分空置的古迹逐步纳入纪念馆、博物馆的功能，发展“街巷—博物馆”的游览系统。保护区结合明清古村落特色，继续发展民俗产业，同时增加民俗文化和传统艺术的展示内容。

实施步骤

分为近期、中期和远期三个步骤。

近期 根据保护和开发分步骤、滚动式进行的策略，确定近期建设的目标，形成以前期保护修缮带动开发利用、推动后续的保护和开发目标。完善古村落保护区内的基础设施，配合进行古村落保护区的街巷整治和修缮，整治古村落保护区周边环境，改善脏、乱、差区域，营造优美的生活环境。完善各级历史建筑的分类，明确区分文物保护单位、文物建筑、历史建筑、传统建筑和一般建筑。完善历史建筑标识系统、旅游标识系统设施，满足未来旅游发展的需要。完善核心保护区内传统街巷的沿街立面整治工作。维修核心保护区内历史建筑院落破损的门楼、厦檐、外墙等。做好重要的非物质历史文化资源的收集、整理和展示工作。试点改造老宅院的居住条件，如改造卫生设施和灶台设施，改善采光条件，探索现代生活方式与传统民居相融合的途径。结合供水系统，在重点消防区域设置消火栓。

中期 各级文物保护单位得到科学展示和合理利用，周边环境与之协调一致。全面修缮、整治历史建筑，修缮或恢复重点建筑中被改造的门窗、栅栏、栏杆等构件。推广老宅院的改造工程，提高居民居住质量，创造宜人的居住环境。完善村庄公共服务设施、市政设施以及绿化环境建设。全面整治核心保护区内的新建筑，特别是整治、拆除大体量、贴瓷砖的建筑，改善古村落的传统风貌，使得新建筑和古村落形成良好的融合关系。推进有关古村落文化建设，出版、印刷相关的专著、论文集、资料汇编等，适时召开古村落的文化研究会议。增加古村落四周的绿化，改善四周环境，美化古村落的景观。

远期 古村落历史风貌得到全面保护，文物古迹保护和环境整治进入良性循环阶段。对古建筑进行经常性的保护维修。继续绿化古村落四周，提升古村落的周边环境质量。继续完善各类公共设施建设。整治建设控制区内和传统风貌不协调的建筑。

◉ 专项规划

2009年，李家疃村聘请淄博市规划信息中心编制《李家疃村历史文物保护办法》（以下简称《办法》)。《办法》规定：在李家疃村辖域内，“四府一寺”、“九门一庄”、“八门一府一园”、青砖古楼、古街巷、古井等文物古迹及其他有历史、艺术、科学价值的文化遗产等文物受到重点保护。村委会成立文物保护办公室和管护人员进行保护管理。属于集体所有和私人所有的纪念建筑物、古建筑和祖传文物以及依法取得的其他文物，其所有权受法律保护。文物的所有者必须遵守国家有关文物和古迹保护的法律、法规规定。村委会将文物保护事业纳入村庄财务预算。在文物保护单位的保护范围内不得进行其他建设工程或者爆破、钻探、挖掘等作业。因特殊情况需要在文物保护单位保护的范围内进行其他建设的，必须保证文物的安全，并经核定公布报村委会批准，在批准前应当征得区级以上文物管理和建设行政管理部门的同意。在文物保护单位的保护范围内和建设控制范围内，不得建设污染文物保护单位及环境的设施，不得进行可能影响文物安全及其环境的活动。文物保护单位的修缮、迁移、重建，由取得文物保护工程资质证书的单位承担。对不可移动文物进行修缮、保养、迁移，必须遵守不改变文物原状的原则。凡因进行基本建设和生产建设需要的考古调查、勘探、发掘，所需费用纳入建设工程预算。在工程建设或农业生产中，任何单位或个人发现文物，应当立即保护现场，报告当地文物行政管理部门，由文物行政管理部门处理。

古建筑修缮 遵循“保持原貌、修旧如旧”的原则，修缮后的建筑应具备原有的建筑风格。修缮采用一处一报、单处单修的办法，保证局部建筑的独特性和完整性。保护区域内严禁乱扔废弃物，严禁乱排污水，乱倒垃圾，乱堆乱放杂物。居民院内饲养家禽家畜要上槽、上圈、上笼，室内外卫生要经常打扫，保持庭院清洁卫生。严禁在古建筑物上乱涂乱画，严禁在保护区内搞封建迷信活动，严禁乱丢乱弃脏乱物品。

一般房屋修缮 标准为房屋修缮后应达到外观整齐，色彩协调。屋面一般应采用灰色调，砖混、钢筋混凝土等现代建筑结构形式的平屋面应改为坡屋顶。更新修缮时不得采用水泥瓦、石棉瓦、瓦垄铁等与保护区风貌不协调的屋面材料，现有石棉瓦、瓦垄铁等屋面应予拆除。外露墙面应以青砖色调或红石为主，可以采取拆砌、抹灰勾缝、涂料粉饰等方法处理。临街门窗采用中式门窗的传统形式，如采用现代建筑材料，应与房屋的整体风格相协调。房屋外露部位每 5 ～ 10 年应重新进行涂饰，色调应与整体风格相协调。院落修缮后应达到格局整齐；院内无违法建筑；院门、门楼整修油饰见新，色彩协调；院墙以青砖色调为主，无明显风化、酥碱、脱落、剥落等疵病。街巷修缮后应达到：标识明显，脉络清晰；两侧无违法建筑；地面平整、坚固，排水通畅；整条街巷两侧建筑的色调基本一致，与周围的建筑、环境和谐统一。

重点房屋修缮　标准为重点房屋（保护院落、构筑物、历史环境要素、临街景观建筑等）的修缮，在达到一般房屋修缮要求的基础上，应当更加突出地方民俗和风貌特色。屋顶采用传统形式，如合瓦、筒瓦和仰瓦灰梗等。屋面经整修后达到整体平顺，无塌陷、倒喝水等缺陷，脊件完整，檐口平直，瓦件齐全，瓦垄（灰梗）顺直。外露墙面采用传统砌筑形式。临街门窗应按原有形制恢复。院落内房屋门窗宜采用中式门窗的传统形式，与房屋的整体风格相协调。油漆彩画的颜色以传统色调为主。装饰构件等重要部位做彩画。石活宜尽量保留，可通过归安、拆安、粘补等方法进行维修，达到外观整齐、坚固。砖雕、木雕、石雕等装饰性构件保留，并按原形制进行恢复、修补。

保护院落和景观建筑修缮　保护院落恢复原有格局，一般由正房、耳房、厢房、院墙、大门等建筑物组成。修缮后达到层次清楚，适当绿化，展示明清传统居住文化的风格特点。院落内的宅门、门楼、屋檐、砖花构件等形式，修缮后恢复原有形制。

◉ 规划实施

筹集资金　李家疃村认真落实古村保护的相关规定，使村内古建筑保存原貌、保持特色、修旧如旧。对古建筑登记造册，划定保护范围，专人管理。凡登记整理过的文史资料、物品，均妥善保管，严禁私自贩卖、破坏古文物的行为。严禁一切乱批乱建房屋的行为，对现有的历史建筑，未经许可，不得拆毁、改建。保护区域内所有建筑设施确需改动或修建的，均需书面请示，经村委会审查同意并依法申报上级历史文物管理部门批准后方可实施。2012 年 10 月，向国家发改委申请李家疃“中国历史文化名村”基础设施建设项目。2013 年 6 月，国家发改委批复李家疃基础设施建设项目，划拨专项资金 480 万元。2014 年 9 月，被国家文物局确定为全国首批 51 个传统村落，获得 300 万元的中央财政经费支持。至 2016 年年底，累计筹集各项保护和维修资金上千万元。

修复修缮 根据相关规划要求，李家疃村积极落实村内街道、古桥、古建筑等古文物的修复修缮。

用传统工艺恢复明清时期古街道路面、沿街立面的原貌。修复过程中把自来水管路、电力系统的电线、电话线路、有线电视线路、消防管路、雨水排水系统等全部移至地下管路中铺设。在古桥原址用传统工艺恢复明清时期古桥的原貌。2013 年，投资 10 万元对古建筑群内的武亚元府大门、王悦循府大门进行修复，投资 480 万元对古建筑群内的街道铺设大理石。2015 年 1 月，投资 350 万元对牌坊街、南北大街、西门街的墙面、房屋、大门进行修复。2016 年 1 月，投资 130 万元对古建筑群内酒店胡同的墙面、房屋、大门及怀隐园的大门、房屋进行修复。主要修复“九门一庄”及“八门一府一园”的武亚元府、王淑备府、王淑传府北宅、王淑佃府、王淑和府，按照传统工艺进行施工。房屋的屋顶已损坏的按照传统工艺进行修缮，房屋外墙受损的，对墙面进行修复。大门的屋顶已损坏的按照传统工艺进行修缮，做到完好如初。传统四合院主要修复王淑仁府四合院，王淑俭府四合院，王淑仕府四合院，王淑信府北屋、西书房，王悦徯府小二门、北屋，王悦循府四合院，王淑和府四合院。2016 年 6 月，投资 590 万元对古庭院、房屋、四合院的屋顶进行传统工艺的修缮，全部使用的是青砖、青瓦、白灰，大门顶、屋顶上的哈巴狗、张口兽石雕全部用的是旧时的模样。投资 50 万元对怀隐园进行修复。

2016 年 1 月，投资 30 万元在王夙纶妻节孝坊原址复立王夙纶妻节孝坊。

保护项目 对村中现有的 15 处古井（含遗址）进行登记造册，并设立标志牌，严禁填埋和进一步破坏。对沿街古井及涉及旅游的村民家中的古井进行修复，恢复旧状。对村中现有的匾额进行严格保护，登记造册。对其中有些受到涂盖损坏的匾额，请专家进行修复整治，恢复其原始状态。对村中现有的的石碑，进行登记造册，统一管理，一一挂牌，并进行文字整理，所有碑文都留有拓片，防止石碑风化。对村中现存的明清古家具进行严格保护，全部登记造册。家具的所有者有家具的使用权，但严禁出售、转让、损坏。同时，加强对李家疃遗址、李家疃窑炉群的保护。李家疃遗址、李家疃窑炉群均被列为周村区第三次文物普查登记文物。

李家疃村煅烧焦宝石的窑炉（2016 年）　　王焕尧　摄

旅游开发

李家疃村古建筑群遗产丰富，文化内涵深厚，建筑形式独特，可观赏性强，集文化教育、艺术欣赏、历史研究、科学考察等多功能为一体，具有较高的旅游开发优势和价值。2010 年 7 月，被住房城乡建设部、国家文物局授予“中国历史文化名村”称号；2012 年 12 月，被住房城乡建设部、文化部、财政部评为全国第一批“中国传统村落”。在此前后，李家疃村立足展现原汁原味的古村落，不断完善旅游设施，并制订旅游开发规划，美化环境，完善绿化系统，保护优秀的文化传统，使李家疃村成为具有浓郁地方特色、设施先进、服务上乘、环境优美的古村落文化旅游村。

冶情觅趣李家疃，翳古藏幽生感叹。
四古环村里巷连，逢陵遗韵鳌头占。

◉ 旅游保护控制性详细规划

规划目标 2009 年 1 月，依据国家、省、市、区相关旅游规划精神，李家疃村聘请淄博市规划信息中心编制了《李家疃村旅游保护控制性详细规划》(以下简称《规划》)。《规划》期限为 2009—2025 年，近期规划目标为 2014 年，中期规划目标为 2020 年，远期规划目标为 2025 年。《规划》以文化旅游和生态旅游作为李家疃村旅游发展的主要方向，强调保护和开发古村落历史文化与自然环境结合所形成的人文景观，将李家疃村古村落旅游融入周村区旅游体系之内。

规划内容 《规划》立足展现原汁原味的古村落，强调要完善旅游设施，美化环境，整合外部环境，完善绿化系统，保护优秀的文化传统，使李家疃村成为具有浓郁地方特色、设施先进、服务上乘、环境优美的古村落。

利用和展示内容包括李家疃村社会、文化、经济、建筑等兴起和繁荣的状况，历史上的重大事件；李家疃村历史文化名村的建筑遗产，如选址布局、庙宇建筑、深宅大院、祠堂建筑、建筑装饰文化等；王氏大庄园的创业历史和当时的巨大成就；李家疃村历史文化名人的历史；李家疃村历史文化名村的风土特产和民间手工艺；李家疃村的民俗文化和庙会文化。

《规划》把保护区作为李家疃村旅游的重点发展区域。该地区集中了较多优秀的历史建筑，较好地展示了李家疃村的独特之处。其中明清建筑群作为游览的重要景点，展示了李家疃村古村落的生活和文化形态。充分利用一些旧的民居宅院、祠堂寺庙等，作为历史文化和民俗文化的展示空间，作为有地方特色的旅游接待场所。集中的旅游服务区设在核心区入口处，对保护区其他片区产生较小的影响，有利于整个村庄的综合发展。

◉ 旅游资源

作为中国历史文化名村，李家疃村旅游资源丰富，有规模宏大的明清建筑群，有古楼、节孝坊、上马石、拴马桩、古井、石磨、石碾和内涵丰富的建筑艺术、石雕艺术、砖雕艺术、木雕艺术，有颇具地域特色的街巷，还有青龙山风景区、豹山风景区等自然风景区。

李家疃景区导览图（2016 年）　王焕尧　摄

李家疃景区全景图（2016 年）　王焕尧　摄

明清建筑群 王氏家族兴盛时期规划建设的王氏大庄园，以西门街、南北大街为轴线，构成“品”字形三大宅区。门楼高大，院深宅雅。门前上马石，墙上拴马桩，旗杆高耸，牌坊高大庄严。建筑所用木料考究，房顶用精致瓦和兽形瓦装饰。建造的二层楼房，挺拔高耸，巍峨壮观。每个院落的顶堂雕梁画栋，描金绘彩。保存完好的特色建筑主要是“四府一寺”“九门一庄”“八门一府一园”，有四合院 18 个、大小形态各异的大门 34 座、古民居 400 间、青砖古楼 3 座、形态各异用河卵石铺设的天井（庭院）3 处。主要街道是南门街、北门街、西门街、东门街、牌坊街、南北大街、酒店胡同、盐店胡同、花园街、东崖头街、西岗子街。

古迹遗存 古迹有武亚元府内家庙、牌坊残石、上马石、拴马桩、旗杆底座、习武石、太湖石、青砖雕塑、残缺石碑、古墓石刻、石槽等。村中有古井 15 眼、石碾 6 盘。

遗址遗迹有圩墙基石；圩墙西门遗址；王介禟妻节孝牌坊遗址；4 个古券门遗址（北门街文石山庄券门、西门街王悦循府东券门、牌坊街西首券门、东门街曹家券门）；7 个古石桥遗址（北门街文石山庄东古石桥遗址，北门街、西门街与东崖头街交会处古石桥遗址，庙前古石桥遗址，北门街到悦宾大酒坊古石桥遗址，邓家胡同南古石桥遗

旗杆底座（2016 年） 王焕尧 摄

习武石（2004 年） 王荣亨 摄

石槽（2004 年） 王荣亨 摄

青砖雕塑凤凰（2004 年）　　王荣亨　摄

太湖石（2016 年）　　王焕尧　摄

古墓石刻（2016 年）　　王焕尧　摄

址，史家胡同古石桥遗址，朱家胡同古石桥遗址）；2 个关帝庙遗址（邓家胡同南关帝庙遗址、庙子沟关帝庙遗址）；1 个土地庙遗址；南寺遗址；牛角园遗址；文石园遗址。另有唐家石屋、青龙山、南台子、轿干地、王氏祖茔等。

李家疃乡村记忆博物馆　位于村北牌坊东侧，占地面积 1300 平方米。2015 年 5 月，李家疃村被山东省委宣传部等 9 个部门列入全省第一批“乡村记忆”工程文化遗产名单。李家疃村在上级有关部门的支持和帮助下，邀请山东工艺美术学院设计李家疃乡村记忆

李家疃乡村记忆博物馆（2016 年） 王焕尧 摄

博物馆（以下简称博物馆）。博物馆于 2015 年 10 月开工建设，2016 年 9 月建成。博物馆建筑面积 1300 平方米，由序厅、村落的记忆、家族的记忆、创业的记忆、人生的记忆、文化的记忆、尾厅以及院落景观组成，以历史发展为主线，通过实物、展板、实景重建的形式展示李家疃村的历史发展历程，以李家疃村村民的努力、奋进、成就以及因赌博、吸大烟而败家的历史教育、警示后人。

李家疃乡村记忆博物馆内景（一）（2016 年） 王焕尧 摄

李家疃乡村记忆博物馆内景（二）（2016 年）　　王焕尧　摄

自然风景区

青龙山风景区　青龙山位于村西，山上有耧头石、蛤蟆石、山界石、仙人石、降龙石、马头石、金龟石、活头石等形态各异的石头。青龙山东峰的龙头上有一块巨大的岩石，名为“大石头王”。大石头王状似一只张嘴的金蟾，蟾嘴足有 10 余平方米，下面能容纳八九个人纳凉避雨。青龙山曾叫龙丹山，山上的寺庙取名龙丹寺。经多次修建，不断扩大，到明朝时改名为盘龙寺。盘龙寺占地 1.33 公顷，分前后两院，前院小殿称小阁，后院大殿称大阁。两阁正面塑像金碧辉煌，两侧罗汉千姿百态，栩栩如生。两阁之间场地宽阔，坐西向东建大戏台一个。每逢庙会盛典都有大戏上演，场面十分热闹。

豹山风景区　豹山位于村东，最高峰海拔 351.8 米。山顶有一巨石，状似豹卧，故名豹山。古时依此石建有一所道观，名为豹岩观。观内供有玉皇大帝。该观梁柱皆为石料。绝顶两峰相对，一径中通，称为天门。从天门向北眺望，白云山云雾缭绕，玉皇顶的庙宇时隐时现，山下云豹湖湖波荡漾；瞻望南方诸山，诸峰在云雾缭绕中半隐半露，仿佛蓬莱仙岛。天门之前怪石林立，气势峥嵘，如军营兵阵。相传天帝巡游曾驻跸于此，随驾天兵即在此操练。仰视豹山西峰，金黄色巨石成片，如波涛汹涌磷光闪闪，似黄河之水自高原奔腾入海。

◉ 旅游线路

李家疃村的旅游线路可分为村内旅游线路、自然风景旅游线路和有历史记载传说故事的遗迹旅游线路。

村内旅游线路 李家疃村牌坊—李家疃乡村记忆博物馆—花园街—怀隐园—文石园—王悦循府—西门街—王淑和府—王淑任、王淑俭府—王淑传府北宅—王淑佃府—武亚元府—王淑传府南宅—王淑备府—南北大街—王淑信府—王悦徯府—王悦德府—王悦衡府—盐店胡同—王悦行府—武解元府—王淑佺府—王淑仁府—王淑仕府—王夙伦妻节孝坊。

自然风景旅游线路

青龙山风景区旅游线路 盘龙寺大阁遗址—盘龙寺小阁遗址—松林—八仙石—青龙山水库。

豹山风景区旅游线路 西豹山—楼斗石—仙人床—东豹山—豹岩观。

遗迹旅游线路 马道地—南台子—轿杆地—唐家石屋—扒头崖子—长山行。

◉ 旅游服务

游客服务中心 东邻李家疃村牌坊，北邻309国道，2016年12月建成，是李家疃明清建筑群的重点文化旅游建设项目。建筑面积168平方米，集景点售票、宣传推介、导游服务、集散换乘、咨询投诉、餐饮住宿、演艺购物、监控监管等于一体，为游客提供吃、住、行、游、购、娱全方位、一站式服务。

民居客栈 在村内西门街的王悦循府，王淑任、王淑俭府，南北大街的王淑信府、王悦衡府，牌坊街的王淑仕府内都建立民居客栈。村民以自家房屋为经营场所，以家庭为经营主体，向游客提供食宿等服务。具有成本低、价格低、规模小、经营灵活、民族文化内涵深厚等特点。

停车场 在村北309国道北侧，建有能容纳50辆大客车、100辆小型汽车的停车场；在村南，建有能容纳50辆大客车、100辆小型汽车的停车场；在村东，建有能容纳20辆大客车、50辆小型汽车的停车场；在村西，建有能容纳20辆大客车、50辆小型汽车的停车场。

村落文化

李家疃村历史悠久，文化底蕴丰富，文化资源颇多。村民喜爱五音戏、京剧、吕剧等戏剧，文学艺术氛围浓厚，五音戏、民间杂耍扮玩等非物质文化遗产得以保护。节庆活动中的舞龙灯、耍狮子、踩高跷、玩旱船、抬芯子是深受群众喜爱的表演形式。礼仪风俗也造就了李家疃村淳朴的民风。民风民俗与古建筑交相辉映，成为李家疃村一道独特的风景。

◉杂耍　扮玩

民间杂耍和扮玩活动，是李家疃村表演艺术的重要组成部分，历史悠久，种类繁多，形式多样。

商号、店铺、作坊多在春节后正月初八开市营业。开张之日，张灯结彩，锣鼓喧天，鞭炮齐鸣。商号之间，为了互相恭贺新春，都组织一些杂耍、扮玩队伍进行拜年，逐渐形成了盛大的节庆活动。杂耍、扮玩集中在正月十四至十六的 3 天时间。

据有关史料记载，李家疃村民间杂耍和扮玩活动的历史可上溯到清朝，到清末已较为普遍开展。民间杂耍和扮玩活动的第一个兴盛时期是在 20 世纪 20 年代，村中开展扮玩活动的商号越来越多，杂耍活动也日益丰富多彩。第二个兴盛时期是在 30 年代中期至 50 年代初。1945 年，抗日战争胜利结束，村里组织起了扮玩活动，借以抒发村民的喜悦之情；1949—1951 年，为了庆祝新中国成立、人民解放和发展生产，村里开展了群众性的、大规模的文艺活动，其中的杂耍、扮玩活动最为热闹。

李家疃村的杂耍、扮玩主要有舞狮、舞龙灯、踩高跷、跑旱船、抬芯子、赶毛驴、打腰鼓、扭秧歌等。这些表演形式，有的发源于当地，有的自外地流传而来，有的是在外学基础上有所改进丰富而使其具有鲜明的本地风格特点。踩高跷、跑旱船、赶毛驴等，既能一个人单独表演，也能五六人组成队形表演。表演者幽默滑稽，常常扮成《白蛇传》《唐僧取经》《关公战吕布》等唱段中的人物形象。扮玩队伍每到一处都是笑声喧哗，锣鼓喧天。

舞狮 李家疃舞狮分一人舞和两人舞。小狮由一人舞，大狮由两人舞。两人舞时一人站立舞狮头，一人弯腰舞狮身和狮尾。舞狮人全身披包狮被，下穿和狮身相同毛色的绿狮裤和金爪蹄靴。引狮人以古代武士装扮，手握旋转绣球，配以京锣、鼓钹逗引瑞狮。狮子在引狮人的引导下，表演腾翻、扑跌、跳跃、登高、朝拜等动作，并有走梅花桩、窜桌子、踩滚球等高难度动作。

舞龙灯 又称龙舞，是一种古老的民俗舞蹈。李家疃村舞龙灯所用的龙身长 20 米左右，直径 60 ~ 70 厘米。舞龙者由数十人组成。一人在前用绣球斗龙，其余全部举龙，表演“二龙戏珠”“双龙出水”“火龙腾飞”“蟠龙闹海”等动作。每逢春节、元宵节、灯会、庙会及丰收年，村里都举行舞龙灯活动。

踩高跷 李家疃村的踩高跷一般以舞队的形式表演，舞队人数十多人至数十人不等。舞者多扮演古代神话或历史故事中的某个角色形象，服饰多模仿戏曲行头。常用道具有扇子、手绢、木棍、刀枪等。表演形式有原地表演和行进中表演；从表演风格上又分为“文跷”和“武跷”，“文跷”注重扭踩和情节表演，“武跷”注重炫技功夫。

舞狮（2004 年）　王荣亨　摄

踩高跷（2004 年）　王荣亨　摄

跑旱船（2004 年）　王荣亨　摄

抬芯子（2004 年）　王荣亨　摄

跑旱船　跑旱船也称荡湖船、划水船，演出形式大同小异。女子双手持竹木制作的船形道具，艄公持橹在旁做划船状，边走边舞，似行于水上，一般配有音乐伴奏。

抬芯子　抬芯子是利用铁质支架把装扮成各种戏剧人物的表演者固定在约 2 米高的铁杆（俗称芯子）上，而铁杆被巧妙地遮盖在树干、藕秆、藕叶及花草当中，让人感觉表演者似腾云驾雾一般。踩芯子的表演者多为儿童，扮演的大多是古典文学作品中的知名人物，如脚踩风火轮的哪吒、牛魔王的儿子红孩儿以及肩挑花篮向人间撒花的天女。

赶毛驴　赶毛驴是村民喜闻乐见的民间传统游艺活动之一。该活动一代传一代，历久不衰，并不断翻新花样。“毛驴”一般是用纸、布制成，外观涂黑色。“驴脖子”吊铜铃一串，“驴头”挂红绸，再用染黑的麻丝制成驴的尾巴，下部用水裙遮掩，中间留空，然后分成前半截和后半截，绑在表演者的腰部，营造出“人骑毛驴”的形象。表演者都是一男一女两名表演者，女表演者两手紧握“驴缰”，跑动时故意晃荡，就像骑着一头真毛驴。身后的男表演者头围白毛巾，身束红丝绸，手执长竹鞭，鞭梢处拴一撮红毛绸。赶毛驴时，男表演者一边挥舞长鞭，一边前后奔跳着，嬉逗和调戏女表演者。

赶毛驴活动常常随扭秧歌一起进行，秧歌队伍在前面行走，赶毛驴队伍跟在后面表演。有时还让赶毛驴队伍先行打场子，为后续的扭秧歌等活动拓宽表演场地，渲染气氛。女演员故意让“毛驴”跑到观众面前，使得观众后退，从而扩大场地形成一个圆场。

打腰鼓　打腰鼓是李家疃扮玩队伍行进中边走边舞的一种表演形式。由于在行进中表演，一般动作简单，幅度较小，多做“十字步”“走路步”“马步缠腰”等动作。常用

李家疃村秧歌队（2004 年）　　王荣亨　摄

的队形有“单过街”“双过街”“单龙摆尾”“双龙摆尾”等。

扭秧歌　扭秧歌是李家疃村扮玩队伍中的一种常见的舞蹈表演，深受村民喜爱。扭秧歌时一般还要配上唱词，边表演边演唱。常唱的歌曲是《四季歌》《九九歌》《送情郎》等。

◉ 戏剧

五音戏　又名秧歌腔、五人戏、肘鼓子戏、周姑子戏，是山东地区的典型剧种，唱腔优美动听，语言生动风趣，表演朴实细腻。五音戏源于山东章丘、历城一带，传于济南、淄博、滨州、潍坊等地，其发生、发展、定型大致经历秧歌腔、五人班和五音戏三个时期。五音戏作为保留在淄博的全国独有剧种，2006 年被列入第一批国家级非物质文化遗产名录（传统戏剧）。

清末、民国时期，五音戏开始在李家疃村周边地区的民间流行，没有专业剧团或业余剧团，一般是在休闲之时，爱好者不化妆、不配乐、随便打坐而唱，村民称之为“盘凳子”。解放初期，村中有爱好者唱《拐磨子》《借年》《三世仇》等五音戏曲，一时间村内听唱五音戏形成热潮，大人小孩都会哼唱几句。随着五音戏影响范围逐渐扩大，村内出现了一些渐有名气的艺人，由于他们使用不同地方的语言以及风俗习惯的各异，因此形成了各具特点的唱腔和板式。这些人自由组合起来，在一定范围内演出，逐渐形成了各自的风格。因而五音戏又有东、西、北三路之分。

五音戏剧照（2004 年）　　王荣亨　摄

李家疃村村民王焕奎是西路五音戏的主要创始人之一，他自幼学戏，精韵律，善表演，艺名“自来喜”，曾在济南、章丘、莱芜、淄川一带演唱五音戏谋生，并带有四五十名徒弟，其中著名的徒弟有磁村的“万盏灯”、苏彬桥的“锁子”等。邓洪山比王焕奎小 10 岁，长于演唱，艺名“鲜樱桃”。两人合作珠联璧合，成功塑造了许多生动的舞台艺术形象，深受社会各界的赞誉。1935 年，王焕奎、邓洪山等 5 人到上海百代唱片公司灌片，邓洪山演唱，王焕奎等 4 人伴奏。唱片录成后，上海百代唱片公司赠送邓洪山等人一面锦旗，锦旗上题字“五音泰斗”。意为演唱者五音洪亮，字正腔圆，婉转动听，技艺高超。

在王焕奎、邓洪山等人的指导下，李家疃村无论大人、小孩都能哼唱几句五音戏，五音戏成为村民们节假日、饭余之后的娱乐方式。新中国成立后，李家疃村演出的《三世仇》最受村民喜爱。在剧中，村民王焕蕴饰演王老五，王桂荣饰演虎儿妈，王荣亮饰演虎儿，王玉秀饰演小兰，王荣江饰演王二爷，王淑兰饰演三水浪，王荣叶饰演张九。《三世仇》曾在淄博市文艺会演中获奖。李家疃五音戏的传承人有王焕元、王焕蕴、王桂荣、王荣江、王荣叶、王荣亮、王荣忠、王淑兰、王玉秀、王兰英、王素芹、王兆连等。至 2016 年年底，村内还有王荣亮、王荣忠、王兰英、王素芹、王兆连等人会唱五音戏。

京剧　清末，京剧传入淄博，不久传到李家疃村，深受村民喜爱。村民一般利用冬季农闲时排练，并逐渐形成子弟班。新中国成立初期，王焕元曾是子弟班班主，组织 12 名演员演出。一般表演《拿高登》《收关胜》等传统剧目。“文化大革命”时期，革命样板戏风行一时，李家疃村组建京剧团，排演现代京剧《沙家浜》。从 6 个生产队挑选演

现代京剧《沙家浜》剧照

员及乐队、后勤人员，剧组的服装、道具、衣箱、乐器等全由村生产大队出资置办。京剧团主要利用农闲时节加班排演。1971 年大年初六到初十，京剧团先在村内演出，然后到邻村及山东生建八三厂、山东耐火材料厂、山东铝土矿、淄博矿务局岭子煤矿、驻军部队等地巡回演出。“文化大革命”结束后京剧团解散。

吕剧　吕剧又称化装扬琴、琴戏，是山东最具代表性的地方剧种。村内有一支由村民自发组织的吕剧表演团——“春秋艺社”。每逢过年过节及重大节假日，表演团都在村内表演吕剧。演出的剧目多是民间生活戏，短小精悍，通俗易懂，如《小姑贤》《借年》《姊妹易家》等。

◉ 习俗

生产习俗

古代，李家疃村村民以从事农业生产为主，日出而作，日落而息，种粮自食，种棉自用。村民根据当地气候环境、土壤情况以及各种作物的生长特性安排耕作，形成固定的生产习俗。其中有些习俗以农谚表达，简洁明了，通俗易懂。

春播　“一年之计在于春，一日之计在于晨。”“过了惊蛰节，种地不用歇。”有的农户过了正月十五就开始维修农具，运输动物粪便沤制成肥料，以待春播。

精耕　“三分犁，七分耙，天旱雨涝都不怕。”“三耕六耙九锄田，一季收成顶一年。”“犁得深，耙得烂，一碗土，一碗面。”勤劳的家庭讲究精耕细作，深翻、细耙，勤锄，地平如镜，保肥抗旱。“麦子不怕草，就怕坷垃咬”“锄头底下有水”的谚语就说明了整地的重要性。又有“冬耕深一寸，明年省车粪”之说，农户冬耕时把秸秆、杂草翻入地下沤肥，这样做能把害虫翻上来冻死。

选种 过去有“有钱买种、无钱买苗”之说。村民在长期的农业生产中，认识到良种对于一年的产量至关重要。过去村民家的屋檐下，挂着精心选育出来的玉米、高粱穗、谷穗等种子以备来年种植。新中国成立初，国家在农业上推行“土、肥、水、种、密、保、管、工”八字宪法，注重优良品种的推行和选育。随着科学技术的发展，国家统一研发制种并推广，逐步代替了农民自选自留种的方式。

播种 “清明前后，点瓜种豆。”“要叫豆儿圆，种在谷雨前。”“早芽发，种棉花；小满花，不归家。”“立夏不种高田”，是指过了立夏节气，就不能种高粱、玉米之类的高秆作物了。“六月六，半边露”，指的是麦子收割后种大豆要浅种。种小麦则遵循“白露早，寒露迟，秋分种麦正适宜”的谚语。

间苗 “老鸹大旋窝，一步留三棵。”农历四月，高粱“开苗”，株距在30厘米左右。用锄在两三寸的高粱苗四周旋开一个鸟窝大小的凹地，以蓄雨水。高粱苗遇雨水后萌发水根，支撑高粱生长。谷子开苗也叫“剜苗”，一般株距在4厘米左右。

锄地 “麦锄三遍面满斗，谷锄八遍饿煞狗。”从清明到大暑，锄地有许多讲究，与技术、土壤干湿、作物品种和天气变化都有关系。“干锄浅，湿锄深。”前者是为了减少土壤水分蒸发，后者是为了加大土壤蒸发。“干锄谷，湿锄豆，花生绕着棵子走。”作物对锄地的时间要求不一样，干锄一遍光，湿锄八遍荒。天晴地干杂草不易成活，天阴地湿再遇上雨等于未锄。

施肥 村民施用有机肥料历史悠久。清末、民国时期，种田靠农家肥。新中国成立后，李家疃村十分重视农家肥料积造、绿肥种植与秸秆还田。1958年，李家疃村开始使用化肥，公社办起磷肥厂，再加上级调拨一部分化肥，全村的化肥用量不断增加。1983年，全村平均亩施化肥55千克、磷肥155千克。据1979年土壤养分普查，村域内土地严重缺磷。为此，公社扩大磷肥厂规模，对土地普遍增施磷肥，全村的小麦产量显著提高。经过长期实践和科学试验的对比，李家疃村总结出一套比较完整的化学施肥原则和方法，即“两个为主”（以施有机肥为主，化肥为辅；基肥为主，追肥为辅），“三项改革”（明施改为暗施，散施改为集中施，一层一次施足改为多层多次施），“三个结合”（追肥与根外施肥相结合，作物与肥料相结合，单一施与混合施相结合）。同时推行普及施“犁底化肥”的先进经验，平均亩施 25 ~ 50 千克。根据干热风的发生发展规律和小麦生长特性，普遍推广叶面喷施磷酸二氢钾、石油助长剂、草木灰水等，在小麦扬花、灌浆期喷施 1 ~ 2 次，对提高后期叶面的光合能力、增加小麦颗粒重量，起到了很好的作用。

灌溉 清末、民国时期，村域内农田多为旱地，水浇地少。农民多用小土井、辘轳头或肩挑人抬的方式取水浇田。1956 年，全村兴起打井高潮，井灌以辘轳头、手摇水车、畜拉解放式水车为主要工具。1972 年，公社设专职水利员 1 名。1974 年，成立村打井队。1975 年，同时打机井、挖地下水、发展电灌，水利建设形成高潮。当年全村有机井 6 眼，有效灌溉面积由 1949 年的 350 亩扩大到 620 亩。进入 20 世纪 90 年代，村域内农田灌溉已全部实现机械化，并大力推广低压节水灌溉。1985 年，全村农作物单产 750 千克，每亩比计划超产 100 千克。

中耕 为村域内传统耕作技术。新中国成立后，传统中耕技术得以发扬并进一步改革。1983 年，推广使用中耕机，农民开始摆脱笨重的体力劳动。中耕有“因苗中耕，看天锄地，先浅后深再浅”的说法，以达到细、透、平、匀、严，深浅一致，地无杂草的中耕效果。

收割 “九九再九九，麦子快到口。”“九成开镰十成收”，是指不要等到麦子完全成熟再收割，稍欠一些收割更好。“干打豆子湿打谷”，是指大豆收割后，应先在场里晾晒干透，再进行碾压，此时豆荚一压就开，事半功倍；而谷子收割后应直接碾压，这样做谷粒就很容易从第一层老皮中脱落。

生活习俗

李家疃村地处淄博、济南、滨州三市交会处，各地区的生活习俗在此交汇融合，对李家疃村村民的生活都产生了一定的影响。随着时代的发展进步，村民的生活习俗不断发生变化，但注重仪表、居家洁净、勤劳节俭等传统的良好生活习俗一直传承下来。

衣着 李家疃村村民对衣服的穿着与搭配比较讲究，把穿着当作门面，更当作一种礼仪。衣服不论破旧与否，都要洗得干净、补得齐整。有的村民喜欢趋新赶时。民国初期，有女性穿旗袍。民国后半期，村内有年轻女性开始穿花细布衣服，时称“花洋布”。新中国成立后，村里有男青年开始穿中山服、国防服、学生服，多数人仍沿用对襟褂、袄；有女青年穿列宁服，多数人仍沿用掩襟式、对襟式上衣。下衣改为制服裤，男子前开口，女子右开口。扣子改为塑料圆形扣，少数服装用拉链代替扣子。老年人及儿童服装多为旧款式。布料有平纹布、斜纹布、咔叽、灯芯绒等，女青年喜用花格布，中年妇女喜欢穿士林布上衣。部分村民开始穿针织秋衣、秋裤。20 世纪 80 年代末，村民中成年男子开始穿西装，内穿衬衣、扎领带，中年妇女少数穿西装。90 年代，村民穿衣开始讲究款式、色调和品牌，穿休闲服的人日益增多。2000 年以后，村民一般穿纯棉内衣、短袖衫、长袖衫、T 恤衫，外罩西服或夹克，冬季则多穿保暖内衣，外罩羽绒服。

20 世纪 70 年代前，帽子是男子的必备品。新中国成立前流行毡帽、礼帽。新中国成立后春秋戴解放帽，冬天戴捂耳朵的棉帽。60 年代后兴起戴三大扇帽。90 年代后，村民逐渐不再戴帽子。

新中国成立前后，村民干农活时，男子一般穿自做的“双脸子”纳帮麻纳千层底粗布面布鞋；经商或教书先生多穿小圆口黑礼服呢面布鞋。20 世纪 80 年代前，村中的家庭妇女都自己做鞋给家里人穿，90 年代后村民基本不再自己做鞋。

饮食 20 世纪 60 年代前，农闲时村民一日两餐，农忙时一日三餐，多以高粱、大豆、玉米、谷子为主粮，主食为煎饼、窝头。60 年代至 70 年代初，村民多以地瓜干粉、玉米面摊煎饼。实行家庭联产承包责任制后，小麦成为村民的主粮，主食是馒头，副食有各种蔬菜及鸡、鱼、肉、蛋、奶等。

炊具 旧时，李家疃村村民的炊具以铁锅为主。二十世纪六七十年代后，搪瓷、铝、塑料制品增多。90 年代后，液化气灶、抽油烟机、高压锅、电饭锅、电水壶等炊事用具基本普及。

住房 李家疃村村民对建房和买房相当重视。旧时，请风水先生“相宅子”，宅基要方正，忌梯形和刀把，避南高北低，近井临墓和胡同死角等。好的房基地要交通便利，出进方便，通风、排水、采光良好，还要符合“负阴抱阳”的格局。朝向也要根据地形、地貌、街道胡同走势而定向阴或向阳。新中国成立后，由村里安置宅基地，讲究道路、排水等配套设施的安排。

建房要择吉时。建房材料一般为榆木梁、杉木檩、杉木椽条，过木（横亘于门窗口上方）一般为石头、枣木、柏木。上梁要选时辰，多为上午 10 时左右，并用红纸写上“上梁大吉”“擎天白玉柱”“架海紫金梁”“安门大吉”“安窗大吉”等吉语。

堂屋为正房，家中长辈居住。儿孙住厢房。凡是晚辈结婚，其新房均设在厢房或南屋。乔迁新居，也是长辈居先，长幼有别。

出行 旧时村民经商、入仕、求学者较多，一些出行的习俗至今仍在沿用。如“待要走，三六九”，指的是出行的日子一般选在农历初三、初六、初九，忌初一、十五。一般人家方圆几十里赶集、走亲串友多为步行或骑驴、骡、马。妇女则雇“赶脚的”小推车、小土车。新中国成立后，有人开始骑自行车。1993 年，村民购买 4 辆“夏利”牌汽车。至 2016 年年底，村民共有轿车 160 辆。

卧具 新中国成立前，普通村民睡土坯炕，铺苇席，盖自织的粗布棉被褥；富户睡木床，铺苇席，盖自织的粗布棉被褥。20 世纪 70 年代后，土坯炕被逐渐淘汰，被褥改用机制印花细棉布。80 年代后，多数家庭添置了被套、毛巾被、电热毯，蚊帐则改用透气性强的化纤蚊帐。

婚姻习俗 李家疃的婚姻习俗基本延续了纳采、问名、纳吉、纳征、请期和迎亲的传统习俗。纳采是指男方家请媒人到女方家提亲，若女方家同意，便由媒人携带礼物正式求婚。问名是指男方家询问女方名字及生辰八字。纳吉是指男方家到祖庙占卜婚姻吉凶，若占得吉，则通告女方家，并送彩礼，缔结婚约。纳征是指男方家向女方家送聘礼，双方的婚姻关系正式确立。请期是指男方家择定婚期，派人告知女方家，征求女方家意见。迎亲是指新郎前往女方家迎娶新娘。至 20 世纪 50 年代，结婚迎亲多用胶轮马车或自行车。嫁妆只有装衣物的箱柜和几套衣服、被褥。

20 世纪 60 年代后期，婚俗开始政治化，结婚仪式上唱“语录”歌，跳“忠”字舞，背“老三篇”，赠红宝书。有的请老贫农忆苦思甜，婚宴改为吃忆苦饭。70 年代，开始倡导移风易俗，要求婚事新办，不准收彩礼，部分青年选择在“五四”青年节或国庆节举办集体婚礼。

20 世纪 80 年代后，议婚、订婚、迎娶等习俗程式又渐渐恢复，旧俗复活，新俗兴起，形成新旧融合并存的格局。男方送女方的现金彩礼水涨船高，出现“万里挑一”（一万零一元）、“万无一失”（一万五千零一十元）、“两家一起发”（两万一千八百元）等各种名目。男方迎娶要租用高档轿车组成的迎亲车队。到女方家后，女方大门关闭，将男方拒之门外，称为“憋性”；男方叫门要送红包。男方进入女方家后，先拜女方家长，等候新娘梳妆，即旧时的“开脸”和“上头”。新娘过门，要燃放鞭炮，门口置火盆与马鞍，取“马上来、轿上去”的意思，寓意日子红火、平安是福。

进入 21 世纪，受现代商业文化的影响，结婚典礼多由婚庆公司承接、筹备。典礼流程由主持人开场。新人共同入场后，由证婚人、主婚人致辞，夫妻对拜，盟婚誓，交换信物。用香槟塔、烛台、四季沙、金鱼等举行祈福仪式。然后拜父母、拜谢来宾。新人饮交杯酒，抛撒鲜花，礼成退场。

生育习俗

李家疃村生育习俗繁多，生育与盖屋、结婚被当作三大喜事，备受村民重视。

祈子 婚礼习俗中，枣、栗子、花生、桂圆等被广泛应用，象征“早生贵子”“儿女双全”。年节期间，新人的房间被装饰得充满了喜庆的气氛，窗花是石榴、葫芦等图案，年画则是麒麟送子、连生贵子等内容。

送米 婴儿降生，俗称“添喜”，又称“落草”“添了”。添喜之后，要派专人到娘家报喜。亲友从第六天开始，陆续“送米”。“送米”起初是指给产妇送小米，后来送的多为鸡蛋、挂面、小米、红糖、麻花、油条等。婴儿降生后的第十二天，姥姥、姨家要送鸡蛋，鸡蛋数量为产妇年龄加 2 个；有的要送 100 个，取长命百岁之意。主家则答谢红鸡蛋，生男送单数，生女送双数，数目不限，有的则取十，寓意十全十美。当天，主家一般要举办答谢宴会，宴请亲朋好友。

满月铰头 婴儿降生一个月，称为“满月”。产妇结束坐月子，解除相关禁忌，要举行庆贺，亲朋好友前来祝贺母子平安，送来点心、衣帽等贺礼，叫“做满月”或者“过满月”。满月之日，要给婴儿理发，俗称“铰头”。铰头一般选在上午。铰头时有的是前铰七后铰八，有的在头上前后剪三下。一边剪一边说：“一铰金，二铰银，三铰骡马一大群。”有的还说：“七铰伶俐八铰乖，二十四天铰秀才。”同时象征性地在婴儿的耳、目、口、鼻以及手脚处铰几下，说：“铰铰耳朵不听坏话，铰铰嘴巴不骂人家，铰铰脚不踢人，铰铰手不抓人。”意思是孩子长大后耳聪目明嘴不馋，手脚干净做“完人”。铰下的婴儿毛发，让它随风飘走，取“毛毛随风走，活到九十九”之意。小孩满月后，要送产妇回娘家住几日，叫“住满月”。

过百岁、抓周 婴儿降生百日，称为“过百岁”“过百日”。当日，亲友送礼祝贺，贺礼多为小孩衣物或布料，取“姑送裤，姨送袄，舅舅的帽子戴到老”之意。过百日时，旧时最有特色的礼物是百家衣和长命锁。百家衣是用各色碎布头连缀而成的衣服。穿百家衣，意为集百家福气，一求长寿，二求百福。长命锁是用银子打造的锁形饰物，上有“长命百岁”“长命富贵”等字样，用银丝挂在小孩脖子上，垂于胸前。小孩过周岁生日时要设宴庆贺，并举行抓周仪式。大人预先在桌上摆放印章、经书、笔墨纸砚、算盘、钱币、账册、首饰、花朵、胭脂、食物、玩具等；若是女孩，则加摆炊具、剪刀、绣花等。大人将小孩抱来，令其端坐，不予任何诱导，任其挑选，视其先抓何物，以此测卜其志趣、前途及未来职业。

丧葬习俗 旧时，年过 60 岁且家资丰厚者死后修寿坟、做寿衣、制寿木。死后丧期有二日、三日、五日不等。初死叫“倒头”。死者为上辈，门上贴白纸，叫“落门”。给死者穿戴寿衣，放进棺木，暂不发丧，叫“停灵”。人去世之后，家属向亲友发出通知，叫“报丧”。亲友乡邻前来吊唁，要送赙仪，并在供桌前磕头祭拜，死者子女要伴客陪哭。旧时，停灵期间，子女要到土地庙焚香烧纸，弃水于地，叫“送浆水”。俗说鬼魂到阴间去以前，先在土地庙羁押 3 天，因此必须给鬼魂送浆水。晚间设供桌于门外路中，烧纸人、纸马、纸钱，族亲及邻居亦备供品祭悼。举棺叫“起灵”，起灵时，死者长子要为长者“指路”，然后执幡、摔瓦。子女晚辈举哀，导引棺材到墓地，叫“送葬”。女婿及邻居好友在送葬路上设供迎棺祭拜，叫“路祭”。

死者葬后二日晨，晚辈要向邻居亲友送赙仪者叩头，叫“谢客”。死者葬后第三日，子女到墓地祭悼，绕坟三周，添土，叫“圆坟”。从死者去世之日起，祭悼活动还有“五七”“百日”“周年”，死者子女在这时都要到墓地设供祭祀。三年后，死者子女方可除服。三年内，上坟时要用油炸类食品作祭品，不能用水饺。三年后，即可正常随节俗祭祀。

儿女穿戴孝衣、孝帽叫“戴孝”。一般是身着白布袍，下穿白布撒边裤，头扎白布条或白布帽，鞋缀白布。旧时，百日内死者家人不理发，三年内不贴对联、不放烟火。遇婚嫁，对联改为蓝色纸。三年穿白布鞋，尽孝。现在三年之制已缩短为一年或百日。

新中国成立以来，政府推行火葬，改革土葬，破除旧的丧葬习俗。20 世纪 80 年代以后，村民多以花圈代纸幡，骨灰盒代棺木，佩戴黑纱、白花代素服。同时，村委会坚持宣传重养轻葬，主张老人在世时，儿女奉养要尽心竭力，让老人安享幸福晚年，老人去世后则丧事从简。

节日习俗

春节 即正月初一。当天人们早起，穿新衣、戴新帽，晚辈给长辈拜年，长辈给晚辈发压岁钱。后祭供天地、神灵、祖先，全家一起吃水饺。天亮，年轻人成伙结队到家族和乡亲家中拜年。大街小巷中拜年的人络绎不绝，相逢拱手说“过年好”等吉利语和问候语相互祝福。改革开放后，人们除沿袭传统的拜年方式外，又先后兴起了电话拜年、手机短信拜年、微信拜年和网络拜年等。

圆年 即正月初三，表示已经过完大年。当天早上全家一起吃水饺，村内风俗认为在这天要燃放鞭炮、焚纸烧香送天爷爷上天。

五末日　即正月初五，又称“五马日”。初一到初五期间，村内有妇女不动剪子、针线，五行八作不开业、初五当天不走亲串门等禁忌。过了初五，便不再受禁忌的约束，故称“破五”。当天，烧香纸、放鞭炮以敬神祖，全家一起吃水饺。

打春　即二十四节气的第一个节气立春。当天全家人要吃萝卜，叫咬春，村民中有不咬春就会睡不醒的说法。

人七日　即正月初七，又叫人性日。旧俗认为当天是天爷爷为人类安排的节日。

元宵节　即正月十五，又称上元节、元夜、灯节。旧时李家疃村有杂要、扮玩的习俗，包括抬芯子、踩高跷、舞龙灯、舞狮、跑旱船、打腰鼓等活动。新中国成立后，除了传统的闹元宵活动外，又增加了灯会、演戏、放电影、放烟火等活动，受到村民欢迎。每年元宵节，李家疃村家家户户张灯结彩。花灯品种由传统的神话灯、人物灯、动物灯发展到火箭灯、飞船灯、机器人灯等高科技花灯。20 世纪 90 年代后，每年元宵节，区、镇党委和政府都组织举办农民艺术节，内容包括花灯一条街、焰火晚会。各村纷纷组织杂要、扮玩队伍串街、串村，其中李家疃村杂要、扮玩队伍颇受欢迎。

龙抬头　即农历二月初二。村内有“二月二，龙抬头，大满仓，小仓流”的民谚，有吃炒蝎豆子、防备蝎子蛰的习俗。当天，村民集中去理发，有“二月二剃龙头，一年都有精神头”的说法。

寒食节　即清明节的前一天。当天要到祖茔墓田为祖坟添土、烧纸。寓意给祖先修缮房屋，以示后继有人。

清明　为二十四节气的节日之一。当天有踏青、放风筝、荡秋千、吃鸡蛋的习俗。清明节除保留一些传统习俗，还增加了组织祭扫革命烈士墓等爱国主义和革命传统教育活动。

端午节　即农历五月初五，俗称五月端五。当天家家户户门上插艾草，用艾草水洗脸，儿童手足腕上系五色线，名曰长命线。少女以各色绸料缝成小袋，内装香料或艾叶，名曰香荷包。香荷包式样多种，制作精巧，或自己佩戴，或赠亲朋好友，寓意驱灾辟邪，免受惊吓。当天有吃粽子、黏米糕等习俗，也有父母看望闺女的风俗。端午节后气候渐暖，有“吃了五月粽，才把棉被送”之说。

雨节　即农历五月十三日，是关云长单刀赴会之日。因气候所至，常有雷雨之应，故称雨节。旧时若遇天旱，村民在当天祈雨，并到关帝庙上供。解放后此节渐废。

过半年　即农历六月初一。其时麦收已过，当天人们用新麦磨面包水饺，供奉天爷爷，为祖先上坟，意为丰收不忘老天帮忙和孝敬祖上。

天贶节 即农历六月初六。当天民间有吃炒面的习俗，即用新收的小麦炒熟磨成粉，加糖拌匀捏成团后食用。在当天也有暴晒衣服、被褥、书籍的习俗，据传上述物件在当天经暴晒后不会生虫。

乞巧节 即农历七月初七，也称七夕。传说是被银河隔离的牛郎织女相会的日子。旧时有姑娘们向织女乞巧之俗。传说七夕夜在葡萄架下，就可凝神谛听到牛郎织女窃窃私语。云彩变幻奇妙，有“七月七看巧云”之说。

中元节 即农历七月十五日，亦称鬼节。当天用五谷纪念后稷，后演变为祭祖上坟。

中秋节 即农历八月十五日。因为恰值三秋之半而得名。当天，全家团聚，中午吃水饺，夜晚摆酒宴，吃月饼和瓜果赏月。

重阳节 即农历九月初九。旧时有当天饮菊花酒、吃花糕、插茱萸、赏菊的风俗。现在多已淡化。1989 年国家将此日定为中国老年节后，村集体每年都开展敬老活动。

十月朔 即农历十月初一。当天村民上坟祭祖，表达为先人送寒衣之意。

冬至 为二十四节气之一。表示一年中最冷的天气即将开始。民间有“冬至饺子夏至面”之说。旧时当天中午，有老年人丈量太阳阴影以测年景，有“一尺七，没啥吃；一尺八，不太差；一尺九，家家有”的说法，解放后废除。

腊八节 即农历十二月初八。当天，李家疃一带有喝腊八粥、做腊八蒜的习俗。

小年 即农历腊月二十三日，俗称辞灶节。传说当天灶王爷升天，将一家功过向玉帝禀报。人们为祈求灶王爷上天言好事、下界降吉祥，首先供奉糖瓜粘给灶王爷，以让其只说好话不说坏话。然后将灶王爷像、纸钱烧掉，以示送灶王爷上天。此习俗到 20 世纪 60 年代渐废，但扫舍过小年的习俗延续至今。

除夕 当天全家人除旧迎新，上坟祭祖、供奉天爷爷、贴对联、打扫卫生。傍晚时，家家户户在屋内或院中点上蜡烛或油灯，在大门外照庭（即点燃干草或麦秸）。放烟火、鞭炮后不再出门，全家聚餐吃水饺。许多人通宵不眠，叫“守岁”。20 世纪 60 年代照庭渐废。80 年代起，全村烟火、鞭炮的燃放数量剧增。当晚，村民观看春节文艺联欢晚会成为习惯。

新风尚

李家疃村响应中共中央号召，反对铺张浪费，进一步推动各项工作健康发展，积极建设精神文明和社会文明，搞好移风易俗，坚持勤俭节约的方针，多快好省地办理涉及群众切身利益的事情。2013 年 2 月，经村党支部、村民委员会、村全体党员、村民代表研究协商，成立了李家疃村红白理事会，并制定了《李家疃村红白理事会章程》，要求在村民办理红白公事时，实行勤俭节约，停止餐桌浪费，积极倡导喜事新办，丧事从俭。喜庆公事包括结婚、嫁女、乔迁、送米、谢师宴等，除亲戚朋友外，村民之间随礼不请客。白公事时，亲戚朋友、帮忙人员一律不摆酒席，实行大锅菜吃饭。

文明家庭　村民历来讲究孝敬父母，尊师敬长，有了好吃的东西，先送给父母，以孝敬父母为人性和天职，不顶撞父母，父母说的话尽力奉行。对个别不孝儿女，周围邻里亲友均痛加批评。孝子孝女为村民所敬重称颂。年轻人主动给年长的人让路、让座。1960 年后，流行少先队员、共青团员帮助五保户、烈军属挑水、扫地、干农活的习俗。2000 年后，每逢重阳节，晚辈都要探望老人，村干部则慰问 80 周岁以上的老人。在外地工作的村民不论官职多高，回到家乡进村都要下车步行，见到老人长辈要握手问好。

村民讲究爱护孩子，孩子从出生到上学都受到呵护。家里有了好吃的首先让给孩子吃。为了孩子的生长发育需要，家长还尽力买一些有营养价值的东西给孩子吃，如鸡蛋、奶粉、鱼肉等。

恤贫济困　村民历来讲究行善助困。同情弱势群体，对年老体弱残疾生病的人施以救济帮助。村中有孤儿或无依老人，邻居们都会“你送一碗饭、他送一件衣”，给予救助。李家疃村的党员、干部、村民为得重病的村民王锦常捐款 8000 多元。李家疃村党员在汶川特大地震发生后上交“特殊党费”1 万余元。

奖优助学　对学习成绩好、但家庭困难的学生，村民会凑钱助其完成学业。学生考上大学，村党支部、村民委员会对考上大学的学生给予奖励，奖励标准为：大专生每人 300 元，本科生每人 500 元，硕士生每人 800 元，博士生每人 1000 元。

◉ 饮食文化

主食　李家疃村物产丰富，文化底蕴深厚，饮食文化源远流长。旧时，李家疃村村民的传统主食是煎饼、窝头。春季、夏季、冬季以玉米作为煎饼的主要原料，秋季以鲜地瓜作为煎饼的主要原料。

四四席　“四四席”是按菜肴分类的一种宴席，包括可供八人一桌聚餐的四大盘、四平盘、四汤盘和四个碗，共计16个菜，筵席的菜肴品众、上菜程序都比较讲究。鸡、鱼、肘子、四喜丸子为大盘菜，炸肉、炸豆腐、炸豆腐丸、豆腐箱等为辅菜。

鸡有大吉大利的寓意。鱼象征幸福、年年有余。肘子寓意吉祥如意。四喜丸子是“四四席”中不可缺少的一道大菜，做法是把肥瘦猪肉按比例搭配，切碎剁成肉馅，加上葱姜末等作料，再加上酱油、香油入味，做成肉丸，裹上用鸡蛋清面粉调和的糊，下油锅炸至金黄色即可。

炸肉的做法是先把瘦猪肉切成条状，加上葱姜末等作料，再加上酱油、香油入味，裹上用鸡蛋清面粉调和的糊，下油锅炸至金黄色即可。

炸豆腐的做法是把豆腐切成菱形、长方形、方形的块状，下油锅炸至金黄色即可。

炸豆腐丸的做法是先把豆腐捣碎，再加上葱姜末、香菜末、虾皮、盐、香椿末，充分搅拌入味，做成团状，下油锅炸至金黄色即可。

豆腐箱的做法是先将豆腐切成六分方丁、两寸长方块，用花生油炸至金黄色捞出。在豆腐块的一面切开一块皮（一侧不切断，起箱盖作用），挖出内里豆腐，再填上调好的馅料，盖好“箱盖”，上笼蒸约5分钟取出。另放香油，开烧后加葱、姜、蒜末一煸，烹醋，投木耳、青菜、水笋和酱油、汁汤，汤烧开后调出粉，汤浓后浇在豆腐箱上即成。馅料有多种多样，有猪肉馅、三鲜馅（海米、虾仁、猪肉）、蟹黄馅、鸡肉馅、什锦馅、素馅等。

◉ 文化娱乐

中共十一届三中全会后，随着改革开放的深入，李家疃村文化设施逐年增加，民间文娱活动空前活跃，群众的业余文化生活丰富多彩。建立文化大院、业余剧组、广播站、图书阅览室各1处，电影放映设备1套。健身广场按居民居住区域设立，健身广场内安装各种体育、健身设施。

广播　20世纪50年代，村里干部们有大事要事需要向村民传达时，就站到高处用1个铁皮喇叭吆喝，村民称之为“土广播”。1965年以后，村民每户安装舌簧小喇叭。每天早、中、晚3次按时播音，每次1小时，主要内容是转播中央人民广播电台和山东省广播电台的新闻节目，还有人民公社广播站自办的节目。1968年，村内安装了3个高音喇叭，主要用于向村民下通知。1970年，在全大队范围内一线一地为各家各户安装有线喇叭，安装率95%以上。播音时间为5:00~9:00、11:00~14:30、17:00~21:30。主要转播中央、山东、淄博市广播电台和区广播站的新闻和文艺节目。村里设转播间，直播本村通知及上级文件精神。

1979年后，收音机兴起，小喇叭逐渐被淘汰。大部分家庭都购买了晶体管收音机，有收音机的家庭占全村家庭总数的40%。村民可全天24小时收听各级广播电台的节目。收音机品牌主要有淄博无线电七厂生产的"宝灯"牌、山东生建八三厂生产的"红灯"牌和济南生产的"泉城"牌等，大都在十几元到四十元钱之间。两三年的时间，收音机在全村得到普及。

电视 1984年，村民王光亮购买一台日本产"松下"牌彩色电视机，此为全村第一台彩色电视机，邻居乡亲都到他家争相观看彩电节目。1987年，周村区电视台差转台投入使用，村民可以收看若干套电视节目。进入20世纪90年代中期，彩色电视机快速普及，价格下降，2000多元钱就能买一台21英寸彩色电视机，全村多数家庭都购买了彩色电视机。有的还配有光碟播放机，可以随意播放光碟，欣赏各类节目。1998年开始，周村区广播电视局在全区建设有线电视网络，有线电视网络通到李家疃村。2006年，李家疃村开始安装有线电视机顶盒，每年收视费312元，收看节目能达到五六十套，节目影像更清晰逼真。当年有线电视接入率80%左右。至2009年年底，全村彩色电视普及，有线电视接入率95%以上。

电影 李家疃村村民看电影始于20世纪50年代。山东省生建八三厂坐落在李家疃村附近，从1958年起开始放映电影，村民也随之前往观看。当时的影片有《女神》《钢铁战士》等。"文化大革命"时期，放映电影次数增多，每月2~3场，电影队用自行车带着放映机到村里放映。影片是黑白的，主要有《南征北战》《地道战》《地雷战》《打击侵略者》等。1974年前后，现代京剧样板戏《红灯记》《沙家浜》《智取威虎山》《杜鹃山》等拍成电影，多次在村内放映，还有新拍的《火红的年代》《战洪图》《青松岭》等。1982年，《少林寺》多次到村里放映，青年们看1次不过瘾，跟着放映队到别的村多次观看。90年代以来，随着彩色电视机的普及，电影逐渐被冷落，村民看电影的热情下降。周村区电影公司偶尔到村里放映一场电影，但观众人数不多。

图书、报刊 2003年以后，村党支部、村民委员会为适应村民文化生活的不断需求，投资16万元建成48平方米的村图书室。图书室内阅览桌、座椅、书橱等设备齐全，有图书6000余册。图书门类丰富，文学类、技术类、法律类、生活类、社科类、种植养殖类、医药卫生类及儿童读物等应有尽有。同时订阅报纸杂志30余种，报纸有《人民日报》《大众日报》《淄博日报》《法制报》《人民公安报》《国防报》《新华日报》《淄博晚报》《人民权利报》等，刊物有《山东人大》《山东通讯》《中华儿女》《淄博工作》《中国检察》《当代社会》《乡镇论坛》《求是》《民主与法治》《半月谈》等。

摄影 20世纪70年代中期，村民王建国利用业余时间走村串户，用传统的照相机为社员拍照。每逢学生毕业，他都到学校为每名学生拍一寸黑白照片，为毕业班学生拍集体照片，还为结婚的新郎新娘拍婚礼照片。70年代末80年代初，照相机产品开始更新换代，村里先后有26户村民购买了“上海”牌、“海鸥”牌、“凤凰”牌的“傻瓜照相机”。李家疃小学组织有照相机的学生成立了“红领巾摄影队”。学校少先大队组织“红领巾摄影队”的队员用镜头及时捕捉、记录村里发生的事。1988年3—7月“红领巾摄影队”的摄影作品参加由中国少年先锋队全国工作委员会、中国少年报社组织的“全国红领巾小建设竞赛”，获得优秀奖，辅导活动的老师获得辅导艺术奖。

体育 20世纪90年代后，村民的物质生活和文化生活水平不断提高，村民的健康观念发生重大改变，健身锻炼成为共识，群众体育活动日趋活跃。村民根据不同年龄、不同爱好、不同群体、不同工作性质，自由选择适合自己的健身方式。村内健身活动可分为两种形式，一种是个人健身活动，另一种是有组织的群众健身活动。在晨练队伍中，有老年人、中年人、青年人，他们各自按照自己的方式进行健身活动。如跳广场舞、散步、跑步、登山、打羽毛球、打太极拳、玩健身球、跳绳等。村里的广场舞代表队参加王村镇广场舞大赛，获得三等奖。2000年开始，每逢“三八”妇女节，村里都组织妇女参加趣味体育活动。凡来参加活动的妇女每人发一份纪念品，成绩优秀的获奖品。活动内容有拔河、打乒乓球、打羽毛球、自行车慢行、定点投篮、跳远、两人三足跑、托球跑等。

2010年，建标准篮球场1个、健身广场5个，设备主要有双杠、三位扭腰器、休闲荡椅、肋木架、平衡滚筒、秋千、双位吊杆儿童秋千、双位浪板、肩关节康复器、双位大转轮、立式腰背按摩器、腿部按摩器、双位引体、俯卧撑、太空漫步机、压腿器、儿童跷跷板、坐蹬训练器、篮球架、室外乒乓球台。

王淑信府住宅飞檐（2016 年）　　王焕尧　摄

村民生活

古代，李家疃村村民以务农为主，部分农、工、商兼顾。有的村民兼做木工、瓦工、石匠等。明清时期，很多村民到南方做生意，主要经营绸缎、布匹，所赚银两大都由镖局押运回李家疃，用于购买土地，兴土木建筑。日伪时期，民族工业遭受严重冲击，村民收入锐减。新中国成立后，村民在生产粮食的同时，兼做家庭养殖及集体工副业，收入水平逐年提高。改革开放以后，农村产业结构调整，村民的从业状况和收入发生巨大变化，收入水平逐年提高。至 2016 年，李家疃村村民人均纯收入 1 万元。

新中国成立前，村民的消费支出仅限于生存的需要，维持最低的生活标准，有时甚至连生存也难以保障。新中国成立后，随着经济收入的增加，李家疃村村民衣食住行等的消费结构逐渐发生变化。改革开放以后，消费支出水平不断提高，消费支出结构不断优化，文化、娱乐、教育、社交、通信消费的比例逐渐提高。村集体出资为全村村民加入农村新型合作医疗，并对村民参加农村社会养老保险、缴纳社会保障金进行补助。

◉ 就业收入

就业 李家疃村地下有丰富的煤、黏土和水资源。新中国成立前未能开发，不少村民为了谋生，到南方做丝绸、布匹生易，多数村民在村务农，兼做木工、瓦工、石匠等。新中国成立后，村民以农业为主，少数外出做生意。也有的在农闲季节推独轮车运输，做豆腐，加工地瓜做干粉、粉皮，做毛毡、纺线，织土布等。

1961 年后，人民公社管理体制改革，核算单位下放，李家疃大队 6 个生产队利用自然资源优势，先后建立维修农机具等小组。各小组以服务全大队农业生产为宗旨，办起集体工副业项目。村民也在不脱离农业生产的前提下，从事一些集体工副业生产。当时，工副业生产从业人数约占生产队劳动力的 10%。此后，部分村民被分到公社办企业上班，除“三夏”“三秋”农忙时期短时间回生产队参加农业生产外，大部分时间在公社办企业上班。

1978 年以后，国家实行改革开放政策，企业用工制度有所放宽，村办企业有所发展，社员在务农以外，兼做其他工副业的人数比以前有所增加。

1978 年年末，李家疃村实有劳动力 277 人，从事农、林、牧、副、渔的 265 人，从事商业饮食的 2 人，从事文化、教育、卫生的 7 人，其他 3 人。

实行家庭联产承包责任制后，家庭副业逐渐发展起来，有的村民建窑煅烧焦宝石，成立耐火材料厂、红瓦厂，有的购买拖拉机搞运输，有的成立建筑队承包工程，有的从事商业、餐饮业等个体经营。

1992 年，村内民营企业加快发展，先后有 5 家经营耐火材料的民营企业成立，李家疃村的劳动力逐步由农业转移到个体私营工商业中。2002 年，李家疃村在 309 国道北建立李家疃村耐火材料工业园，先后有 13 家耐火材料企业落户。之后，焦宝石窑数量增加到 216 座，红瓦厂 1 个，村民大都就近务工。至 2016 年，个体私营企业迅速发展，村民除从事个体经营外，多以务农经商为主，只在农忙时，集中几天收种承包地，平时抽工余时间进行田间管理。

收入 新中国成立前，不少村民到南方做绸缎、布匹生意，家庭收入主要来自做买卖所赚银两。除做生意外，部分村民在家务农种田，其家庭收入主要来自种田，部分村民兼做木工、瓦工，做豆腐，加工地瓜做干粉、粉皮，挣些微薄收入。日伪时期，多数做生意的、在家做零工的村民受到冲击，收入锐减，贫富差距拉大。村内除少数富裕户外，多数村民替人扛活，或当长工，或打短工，收入极低。

新中国成立后，经过土地改革，无地或少地的村民分到土地，村民以农为主，自种自收，村民收入有了明显提高，户与户之间的收入差距缩小，要饭讨食现象绝迹。高级社时期，实行“按劳分配”，劳动评工记分，男整劳力每年平均挣工日 300 个工分左右，女整劳力每年平均挣工日 200 个工分左右。1957 年每工值达 1.09 元，扣除社员实物分配折款，一个男整劳动力年收入达 100 ~ 120 元，一个女整劳动力年收入达 60 ~ 80 元。社员参与集体分配，口粮按“人七劳三”的比例分配，社员生活水平差距不大。

1958 年，人民公社建立，初期在分配上实行平均分配，生活上实行供给制。村民到集体食堂免费就餐，基本没有现金分配。1960 年，由于“左”的错误路线和自然灾害的影响，农业减产，部分地块绝产，村民人均口粮每天平均 0.125 千克，工值降到不足 0.1 元，村民生活困难，部分村民变卖家具换粮换粮食充饥。

1961 年，李家疃村落实中央政策，纠正“一平二调”的错误，清理退赔无偿占用村民的生产资料和生活资料，扩大生产队的自主权，允许村民经营少量自留地和家庭副业。同时，国家减少征购任务，减轻农民负担，李家疃大队分配了自留地（每人一分地）和度荒地。村民收入有所提高，生活开始好转。1962 年，李家疃人均分配口粮 165.2 千克，其中小麦 33 千克、秋粮 132.2 千克。1963 年粮食增产，社员口粮水平相应提高。李家疃大队人均分配口粮 251.6 千克，其中小麦 38.6 千克、秋粮 213 千克。

1978 年，李家疃村村民分配合计金额 43109 元，参加分配工日 93912 个，平均工值 0.4 元，人均分配 57 元，村民分配实物折款 29918 元，应分配现金 8667 元，实际兑现 7964 元。全村有余款户 108 户，余款额 33162 元；有欠款户 46 户，欠款额 12316 元。是年，村民口粮分配 142287.6 千克，人均 201 千克。

1982 年实行家庭联产承包责任制以后，村民生产积极性增强，粮食产量增加，国家提高粮食定购价格，惠农政策不断出台，村民收入逐年提高。1990 年以后，随着社会主义市场经济体制的建立，从事个体工商经营的村民越来越多，村民收入中从事个体经营和工资性收入的比重越来越高，粮食收入在总收入中所占比例越来越低，村民人均收入逐年不断提高。

进入 21 世纪，李家疃村经济进入快速发展的阶段，村“两委”有计划地安排照顾经济收入偏低的村民从事服务工作，使其增加收入。个体私营经济进一步发展壮大，村民的各类补贴及福利逐年提高，村民收入稳步增长。2009 年，在村民全年经济收入中，工资性收入占 72.3%，上级及村发放的各类补贴占 16.9%，村发福利占 3%。至 2016 年，李家疃村村民人均纯收入 1 万元。

◉ 消费支出

新中国成立后，随着村民经济收入的增加，村民的衣食住行不断发生变化。尤其是改革开放以后，村民消费支出水平提高，消费支出结构优化，消费支出不再单纯为了维持生存，文化、娱乐、教育、社交、通信消费都占有一定比例。1995 年，在村民消费支出中，饮食占 23.6%，服饰占 5.5%，用具用品占 15.7%，住房占 33.3%，购买轿车占 6.3%，医疗占 5.1%，文化教育娱乐占 5.9%，其他商品及服务占 4.6%。2005 年，在村民消费支出中，饮食占 19.9%，服饰占 6.1%，住房占 21.5%，购买轿车占 12.3%，家具用品及服务占 9.2%，交通通信占 8.9%，文化、教育、娱乐用品及服务占 12.3%，医疗保健占 9.8%。进入 21 世纪，住宅商品化进程加快，出村购房者增多，住房消费支出成为一次性开支最大的消费项目。另外，日用消费品开支也快速增长。

衣着消费

主要包括服装、鞋、袜、帽、首饰等消费。

服装 20世纪50年代以前，李家疃村村民穿着衣服全为家中妇女亲手缝制，布料全是用自家种的棉花纺的线再用木制的织布机自己织的土布。白色的土布用靛蓝染成蓝色，叫作煮布。村民只在染布时花很少的钱，染1尺布需0.2元。多数人一衣多用，冬改棉，夏改单，补丁摞补丁，孩子的衣服则大的穿了小的穿，有“新三年，旧三年，缝缝补补又三年”之说。村民服装消费水平很低。

20世纪60年代，机织布渐多，土布渐少，国家对棉花实行统购统销，并实行布票供应。村民每人每年3.3尺，只够为孩子换件衣服，中老年人仍以自纺自织的粗布为主。1965年以后，布票逐步增加到每人每年16.5尺，各类化纤布、混纺布也相继上市，村民的布票基本能够满足日常使用。是时，白平布每尺0.33元；次白棉布价格更低，每尺只用半尺布票；混纺布价格稍高，每尺0.9元左右，因每尺只收0.3尺布票，备受村民青睐。村民年人均服装消费15元左右。

“文化大革命”期间，受“全国学人民解放军”号召的影响，青年人崇尚草绿色军装。村民年人均服装消费20元左右。

20世纪80年代，随着国民经济的发展，毛料、涤纶、化纤、丝绸等各种布料供应充足，国家取消布票制度，村民基本告别自纺自织的粗布。部分村民购置缝纫机，基本不再用手工缝制衣服。村民服装的质料、款式、颜色发展变化很快，穿衣按春、夏、秋、冬四季适时搭配。村民的服装消费上升较快，年人均消费30元左右。

20世纪90年代，村民穿衣开始讲究款式、色调和品牌，穿休闲服的人日益增多，单件服装的价格从几十元到上百元不等。村民年人均服装消费80元左右。

21世纪后，村民的服装消费开始注重健康、时尚、科学，化纤、腈纶材质的服装不再受村民青睐，纯棉、真丝、真皮材质的服装成为村民的首选。村民年人均服装消费180元左右。

鞋 20世纪50年代以前，村民全部穿家庭妇女手纳的布鞋、布袜，夏有单鞋，冬有棉鞋。

20世纪60年代，村民仍以穿布鞋为主，款式与旧时有所差别。新增压底布鞋，每双价格5元左右，是青年人的首选。村民自做的布鞋也以“三紧鞋”、砸扣系带的“两半截鞋”为主，有的村民直接买塑料鞋底，自己配上鞋帮。布鞋面料以灯芯绒、国尼、华达尼、大斜纹布料为主。灯芯绒布60年代0.8元1尺，70年代1.2元1尺，做一双成人的灯芯绒布鞋用布1尺左右，加上其他成本，共需2元左右，其他面料的布鞋价格略低。是时，村中开始有人穿黑色全胶水鞋，每双价格2元左右。1965年以后，部分村民夏季开始穿塑料凉鞋，因经济实惠又适宜穿着下地劳动，备受村民青睐。当时，布鞋缝个补丁，凉鞋粘个裂口或断底还继续穿是常见现象，无人笑话。

20世纪80年代中期以后，村民开始购买各式皮鞋、布鞋、胶鞋，很少有人自己做鞋，鞋的款式、花色逐渐增多，青年女子开始穿高跟鞋。

21世纪后，随着村民消费水平的不断提高，中年人以穿皮鞋、旅游鞋为主，有各种质地和款式；老年人以布鞋、旅游鞋、老年保健鞋、休闲鞋为主。每双鞋的价格从几十元到几百元，甚至上千元不等。

袜　20世纪50年代以前，村民以穿自己缝制的布袜为主，有单有棉。村民用于袜的消费只是花几角钱买针线，少数经商或富裕户购买线袜（俗称洋袜子）。

20世纪60年代中期，市面上开始出现尼龙袜，颜色鲜艳，结实耐穿，一双价格2元左右。至70年代，尼龙袜、尼龙丝袜盛行，基本替代了棉线袜。也有人自己用棉线编织袜子，既暖和又实惠。

20世纪80年代，袜子品种不断增多，各种款式、颜色、质地都有，一双价格从几元到十几元不等。

20世纪90年代后，夏天青年妇女流行穿长筒袜，一双价格几十元左右。

21世纪后，村民逐渐穿纯棉的袜子，一双价格从几元到几十元不等。

帽　20世纪50年代以前，村里较富裕或经商的男子戴帽垫、瓜皮帽、皮帽，结婚时戴礼帽。多数村民只有冬季天太冷时才戴帽，一般是戴毡帽或自己缝制的大耳帽，一顶帽子价格2元左右。春、夏、秋季节出门一般戴苇笠，防雨防晒，花1元钱就能戴一季。

20世纪60年代后，男子春秋多戴蓝色、黑色大前檐帽，冬季戴三大扇棉帽或狗皮帽，部分老年人仍戴圆形毡帽，村民年人均帽子消费3元左右。妇女喜欢戴筒式帽、针织毛线帽，儿童帽子的款式也逐渐增多。是时，一顶帽子价格35元左右。

21世纪后，男女老少帽子的样式花样繁多，一顶帽子价格50元左右。

首饰　20世纪50年代，一般男子无人佩戴首饰，部分经济富裕的女子戴手镯、戒指等。首饰质地分为金、银、铜、铁、玉石等。村民年人均首饰消费20元左右。

20 世纪 60 年代，佩戴首饰被视为“资产阶级生活方式”，村民不再购买、置办新首饰，原来已有的首饰或存起来，或变卖，无人佩戴。

20 世纪 80 年代，村民生活水平提高，青年妇女兴起扎耳朵眼戴耳环以及戴项链、戒指、手镯。每件首饰价格 100 元左右。

20 世纪 90 年代，村内部分经济富裕的男子开始戴金戒指、金项链、金手链。每件首饰价格 1000 元左右。

21 世纪始，村内青年人订婚，“三金”（金戒指、金耳环、金项链）必不可少。首饰质地一般为金、银、铂金、玉石、钻石等，无人再用铜、铁做首饰，每件首饰价格从几千元到上万元不等。给孩子买的首饰多以金、银、玉石质地为主。村内男女青年流行“男戴观音女带佛”的习俗，玉石的购买量逐年增加，每一件玉石都价格不菲。

食品消费

食品消费曾经占村民消费结构中的大部分，主要包括主食、菜肴、酒类、酒席、饮料、糕点及水果消费。随着村民收入的增加和生活水平的提高，食品消费在村民消费结构中所占的比重逐渐减少。

主食　新中国成立前，李家疃村村民饮食以自产自食为主，村民种植小麦、玉米、谷子、高粱、大豆及少量芝麻、绿豆、小豆等杂粮。村民习惯将主食分为细粮和粗粮。细粮是指以小麦面粉加工而成的食品，粗粮是指以玉米、小米、高粱等为原料加工而成的食品。李家疃村因耕作条件较差，小麦产量低，村民日常主食以粗粮为主。少数富裕户土地较多，但也不能满足常年吃细粮；普通村民几乎常年吃粗粮，只有逢年过节，才能吃上一顿细粮；部分人家连粗粮都不能吃饱，常年掺糠掺菜。多数村民省吃俭用，每到冬季农闲时，便将一日三餐改为一日两餐，或晚饭以粥当作主食。村内老人常告诫子女“要算了吃，不能吃了算”“宁省囤尖不省囤底”，平日精打细算，时常准备过歉年。村民偶尔也在单饼上撒些芝麻，然后烙制烘烤酥脆（称焦饼），或是用油煎面糊，为小孩改善伙食。粗粮以煎饼、窝头为主，偶尔也贴饼子、煮饼子、调馉馇、蒸小米干饭。是时，几乎家家都有水磨，部分村民家有旱磨、石碾。水磨用来推磨糊、摊煎饼，旱磨用来磨面粉，石碾用来碾谷或粉碎各种粮食。

新中国成立后，村民生活水平有所提高，但由于生产力低下，粮食产量很低，村民的主食品种变化不大。1958 年，人民公社成立集体食堂，社员无人在家吃饭，均按时到集体食堂就餐。李家疃村 6 个生产队各办一处食堂，按定量发放饭票，凭票打饭，且只有主食，没有菜肴。是时，生产队开始大面积种植红薯，既可将鲜红薯煮熟直接当主食，又可晒成干摊煎饼、蒸窝头。1960 年，村民生活极度困难，人均每天只有 0.125 千克的粮食，村民主食中多半是野菜、树叶、玉米芯、地瓜秧，无人能吃上玉米面煎饼、窝头。1961 年，集体食堂解散，口粮分配到户，生产队大面积种植南瓜、胡萝卜等，分给社员，既当菜又当饭，以补充粮食不足。至 20 世纪 60 年代中期，村民生活逐渐好转，人均口粮达 200 千克以上，再加上自留地补贴，基本能吃饱。

20 世纪 70 年代，小麦、玉米作为高产作物受到村民重视，复种指数提高，产量也逐年提高。社员主食以小麦、玉米为主，小麦约占全年口粮的四分之一，村民主食仍以粗粮为主。由于副食品少，体力劳动量大，村民普遍饭量大，主食消费多。主食消费在整个消费结构中所占比重较高。

1982 年，李家疃村实行家庭联产承包责任制以后，粮食产量大幅提高，村民粮食年人均占有量超过 500 千克，村民几乎家家用大瓮存粮，主要为小麦。村民主食开始以细粮为主，玉米大部分用作饲料。

1990 年以后，村民生活水平进一步提高，开始由“吃饱”向“吃好”过渡，除馒头、面条等之外，常以油条、麻花、火烧、锅饼、面包、馄饨作为主食，偶尔也吃煎饼、窝头调剂口味。2000 年以后，村民饮食注重健康和科学合理，主食注重粗细搭配，煎饼、窝头、杂面备受青睐，价格普遍高于馒头。

菜肴　新中国成立前，村民的蔬菜自产自食，在地头堰边、宅前屋后，种些扁豆、丝瓜、萝卜、辣椒、大蒜之类的蔬菜。一般村民常以咸菜为主，很少炒菜，家家院子里都有咸菜缸。村民常说“庄户饭，咸菜蒜”。有的家庭自做面酱，面酱以大豆、小麦和少量玉米为原料，吃饭时，把面酱抹在煎饼上，再卷上葱吃。

高级社时期，部分生产队设少量菜园，种植大白菜、萝卜、茄子、辣椒、韭菜、芫荽等季节菜。一些村民开始炒菜，但大部分村民的菜肴仍以咸菜为主。间或有人炒点芝麻盐，或是买块豆腐乳、臭豆腐，作为佐餐的菜肴。豆腐乳、臭豆腐每块 0.05 元。逢年过节，生产队将自养的猪屠宰后分给村民，此时村民才能吃上猪肉。是时，村民炒菜多用猪油。每年生产队将留作饲料的大豆榨成油，豆饼留作饲料，豆油分给村民，每人 0.5 ~ 1 千克。每逢过春节，村民几乎家家户户做豆腐，一进腊月，豆腐坊便开始排队，多数人家春节菜肴以豆腐为主。春节也买些海带、咸鱼之类，用以节后招待亲友。村民日常做菜以炖为主，佐料有花椒、姜、葱、蒜、盐、醋、酱油之类。1980 年后，塑料大棚普及，村民一年四季都能买到新鲜蔬菜。芹菜、黄瓜、韭菜、茄子、西葫芦、西红柿、菜花、菠菜、甘蓝、豆角、莴苣、辣椒、茴香、蘑菇等应有尽有。1990年以后，部分村民家庭开始购置冰箱，村民饭桌上菜肴品种日趋丰富，烹调方式有煎、炸、炒、炖、清蒸、凉拌等。人们吃饭开始讲究口味和营养，味精、鸡精等各种调味品被普遍使用。

2002年以后，村委会开始给村民发放过节福利品，每年中秋、春节，村委会都统一发放油、鱼、肉、蛋等，村民餐桌上的菜肴更加丰盛。村民饮食也更加讲究科学营养，蔬菜讲究天然无公害有机产品，当地盛产的苦菜、蒲公英、苋菜、野菊花芽等也都重新回到村民的餐桌上。

酒类 旧时，村民平时无饮酒习惯，只有逢年过节、喜庆之日，偶尔以酒待客。酒的品种单一，一般为高度散装白酒，以高粱为原料酿制而成，多数为当地所产。妇女坐月子要喝黄酒，将黄酒温热，加上生姜红糖，趁热喝下，可活血化瘀。黄酒以黏米酿制而成，度数较低。新中国成立后，白酒曾一度实行凭票供应，故酒类消费减少。妇女生产后可供应一瓶黄酒。

20世纪60年代中期，开始有红酒上市，如红果酒、苹果汽酒等，度数较低，每瓶0.8元左右。80年代，村内饮酒风气开始兴盛，酒品种类也日渐增多，白酒以瓶装为主，啤酒也逐渐被人们接受。90年代，村民饮酒渐上档次，喝酒开始讲究品牌，啤酒销量大增，部分村民每餐必饮酒。2000年以后，各类名贵酒类渐多，有国产白酒，也有洋酒。2005年以后，村民一般宴席均备有各类白酒、红酒、葡萄酒，价格从十几元一瓶到几百元一瓶不等。村民喝酒开始有所节制，更加注重身体健康。

酒席 改革开放前，李家疃村村民家中有嫁娶喜事，一般都在家中安排酒席。村民提前3天在家中支锅垒灶，借餐具、桌椅板凳，请厨师做菜。凡能够提前做好的菜都提前备好。酒席一般用方桌，8人一桌，四面各坐2人，宾客依次而坐。李家疃村酒席规格一般为“四四席”，主菜品分4个冷拼盘、4个热炒菜、4个大盘菜、4个汤菜。大盘菜一般为比较上档次的菜品，如肘子、红烧鱼、炖鸡、四喜丸子等；汤菜一般为烩菜；还有炸肉、炸豆腐、炸豆腐丸之类的辅菜。菜品档次视家庭状况而定。规模一般都需10桌以上，每桌酒席大约需花费三四十元。改革开放以后，村民生活水平提高，多数酒席安排在酒店，攀比之风日盛。结婚喜事，一般都安排酒席30桌以上，花费逾万元，每桌价格在300～600元不等。除结婚酒席外，还有生小孩“送米”酒席、订婚酒席、考大学谢师宴等都属酒席消费。

饮料 旧时，村民以白开水或凉水为主要饮料，多数人家每顿饭必烧一锅饭汤，下少量小米，清汤稀薄，有暖瓶备有开水的极少。富裕人家在春节时，也买少量茶叶待客，平时很少饮茶。20世纪60年代中期以后，多数村民在春节时购买少量茶叶，品种为茉莉花茶，部分村民则购买茶叶末。家中基本上都购置暖水瓶，常备开水。其时，开始有汽水在村里销售，多为小孩饮用。改革开放以后，饮茶者渐多，开始以花茶为主，每千克价格在40元左右。90年代以后，多数村民养成饮茶习惯，茶叶品种选择绿茶的也占多数，每千克价格在30元至上百元不等。2000年以后，村民饮茶渐上档次，以绿茶为主，兼有花茶、红茶、白茶、铁观音、普洱等各个品种。雪碧、可乐、瓶装矿泉水、果汁等各种饮料开始普及。村里安装了饮用水净化设备，家家备有饮水机，村委会为村民每月免费发放3桶饮用水，村民饮用水全部为纯净水。

糕点及水果 旧时，村民走亲访友，看望病人，多以糕点为礼品，主要有蛋糕、桃酥、饼干、蜜食、烧饼等，多数是散装零售，用包装纸包装并用纸绳捆扎。水果多以自家产的大枣、石榴、桃子、柿子、山楂、软枣等为主，也有用核桃、花生、栗子等干果作为礼品的。新中国成立后，糕点和水果的品种基本保持不变。至20世纪60年代，村里建起果园，村民每年都能分到桃子、苹果，村民食用水果量增加。是时，水果罐头也成为村民走亲访友的礼品，主要有糖水山楂、糖水梨、糖水苹果等。糕点增加了礼盒装，略显高档，价格每千克1～2.4元。一般每千克需收0.5斤粮票，村民因粮票缺乏，很少购买点心。改革开放后，村民对糕点、水果的消费日益增多，村民普遍购买水果日常食用，如苹果、香蕉、橘子、柚子、梨、冬枣、猕猴桃、桃等。村里有零售小铺，随时都可选购各式各样的糕点礼盒和水果。90年代以后，糕点消费明显下降，水果消费持续上升。

村民保持中秋节吃月饼的习俗，每年中秋节多数家庭都要购买月饼。2000年以后，村民过生日多数都订做生日蛋糕，价格50～100元。村民元宵节买元宵，端午节买粽子已很普遍。

住房支出 新中国成立前，李家疃村村民住房多为一院一户，少数为一院几户，宅院格局一般为封闭式，部分庭院为四合院。多数宅院只有主房、柴房、厨房、厕所、大门、院墙。个别户少大门无院墙。房屋构造多为石头基础土坯墙，木梁檩，起脊麦秸盖顶，只用少数砖垒砌砖线挑檐，木棂窗户内糊窗纸，全封闭木门，少数房屋用砖镶门窗和房屋四角。房屋前墙后墙高约2.5米，房宽约3米，土坯墙厚约0.5米，多数为3间房，门在正中，两旁各有一个窗户。3 间房使用面积在 20 平方米左右，基本不留后窗，房屋既窄又矮，光线暗，通风透光较差。多数庭院主房为北屋，高度略高于其他偏房。偏房一般为库房、柴房。全村大约有 1/3 的庭院建有栏圈，可以养猪。厕所一般为露天式，只有围墙。大门一般为东南门或西南门，部分宅院盖有门楼，多数为简易顺墙门，顶上能遮风挡雨即可。也有个别贫困户无大门，用 4 根木棍做支架，中间编上荆棘，俗称寨门。村民住宅基本上是代代相传。土地改革之前，村内还有无房特困户，常年租住他人房屋。

新中国成立后，无房户和少房户在土地改革运动中分得了住房，村民住房条件有所改善。是时，由于村民收入水平低，建造新房者甚少，有“盖口屋，剥层皮”之说。

20 世纪 60 年代，村民生活水平逐步提高，盖房者日益增多。根据上级政策，个人确实无地者，由个人提出申请，经上级审批，大队有计划地批给地基建房。初始批地基长、宽各 15 米，每户可建 5 间主房。此时建房款式大体相同，4 间或 5 间大北屋，另加厨房、厕所、栏圈、大门、院墙。石头基础土坯墙，多数在土坯墙外贴石灰坯，砖镶门窗，房屋四角及砖线檐头也都用砖砌成，房顶木结构尖顶，麦秸盖顶加瓦脊瓦檐。玻璃门窗，水泥地面，白灰抹墙，房宽 4 ~ 5 米，高约 3.5 米，5 间房使用面积近 60 平方米，也有部分住宅使用水泥檩条或钢架结构。用工仍是以工换工，管饭不支工钱。1980 年，村民王焕良在自己的地基上建砖木结构加前出厦新房 5 间，玻璃门窗，水泥地面。从此，李家疃村村民自建民居多数为砖木结构，大瓦盖顶，房顶木结构较之前有所加固，檩条加密，使用面积加大，通风透光更好，内部结构更加合理。1995 年，村里开始旧房改造，在东门街建设 12 座二层别墅楼。2006 年，村里不再规划地基建民居，开始设计统一规划，在村东部建设新村。第一期建住宅楼 2 座，每户都配有地上停车位。格局分为三室二厅和二室一厅，村委会为每户村民减免天然气开口费等费用。2010 年，第二期建住宅楼 3 座。每户都配有地上停车位。格局分为三室二厅和二室一厅。至 2014 年，共有 120 户村民购买新楼房。

进入 21 世纪以后，村内青年在城里安家者日趋增加，购买楼房成为最大的消费项目。2000 年，在周村城区购买一套 100 平方米的楼房需 10 万元左右；至 2005 年，需 15 万元左右；至 2016 年，则需 50 万元左右。

教育支出　新中国成立前，李家疃村普通村民子女一般无人上学，少数家庭的子女就近读私塾。个别富裕家庭的男孩能够上学读书。村里的私塾一般为联户创办，私塾先生的教资为每年数斗小米，学生家长轮流一日三餐供食。学生除自备笔墨纸砚外，需交纳一定的粮食，凑齐先生的教资，另外，轮流为先生送饭。

1941 年，李家疃村办起社学，并有学习课本，有学生 20 余人，孟云武担任教师。1949 年，村里办起两处小学校。一处在村庄的东头街，校址在史传连住宅，史德俊担任教师；一处在村庄的西头街，校址在王焕福住宅，王光盛担任教师。1950 年，两处学校合并为一处，校址在关帝庙大殿，王光盛担任教师。此后，村民子女上学人数渐多。是时，小学阶段每生每学期收学杂费 1.2 元，初中阶段每生每学期收学费 1.8 元。部分村民子女能够读到初中毕业。学生课本只有语文、算术两本，学生使用石板和石笔写字、演算，每学期只用 1 本语文作业本和 1 本算术演草本，课本每本 0.2 元左右，作业本每本 0.1 元，铅笔每支 0.02 ~ 0.05 元，全学期花费 1 元左右。家庭确有实际困难，交不起学费者，可经个人申请、村里证明，报上级教育部门批准，免收学费。教师工资及办公经费皆由上级财政拨发，学生所交学费也全额上交。初始，教师把每月发的口粮分发给学生，由学生轮流管饭，以后逐渐改为教师自己开火做饭。

1968 年，李家疃大队小学由公办转为村办，办公经费实行民办公助，上级按班数和在校学生数补助，其余部分由大队负担。公办教师工资仍由上级财政发放，民办教师实行工分制，由大队记工分，上级发给少量补贴。李家疃大队小学学制由 6 年改为 5 年，初中由 3 年改为 2 年。小学代办初中班，称为“小学戴帽”。村民子女可就近从小学读完初中，学生上学收费很少，入学率大增，基本普及初中教育。同时学校办起“育红班”，招收学龄前儿童，不收任何费用，村民教育费负担较低。

1986 年，《中华人民共和国义务教育法》颁布实施，小学至初中的学制改为 9 年，国家对接受义务教育的学生免收学费，由国家财政按学生人数拨付义务教育保障资金。上学期间，学生只交纳作业本费。当时，小学阶段每生每学期需 20 元左右，初中阶段每生每学期需 50 元左右。是年，幼儿教育与小学分离，李家疃村建立幼儿园，分为大班、小班。幼儿教育、高中及以上的教育仍按国家规定收费。

自国家实行义务教育制度后，义务教育阶段的学生免收学费，幼儿、高中、大学教育的收费标准逐年攀升，全封闭寄宿式学校收费标准则更高，每生每年均在万元以上。至 2016 年，村民子女上幼儿园每生每月需支出 500 ~ 1000 元，上小学及初中每生每学期需支出 1000 ~ 2000 元，上高中、中专、职业高中每生每学年需支出近万元，上大学每生每年需支出 2 万元以上。教育费支出成为村民消费中的重要组成部分。据 2016 年村民消费调查统计，教育费支出占家庭消费支出的 9.1%。

文化消费 旧时，村民文化消费基本空白。随着时代的变迁，特别是新中国成立后，文化消费成为村民满足精神需求的一种消费。文化消费的领域也逐步扩大，主要包括教育、文化娱乐、体育健身、旅游观光等方面。改革开放以后，文化消费逐渐呈现出主流化、高科技化、大众化的特征。如看电影，购买书籍、杂志、电子游戏软件；添置电视机、照相机、影碟机、计算机、游戏机等。

每逢元宵节，村民都组织舞狮、舞龙灯、踩高跷、跑旱船、抬芯子等传统文化活动，并开展书法、绘画、著述、雕刻等展览。至 2016 年，村民文化消费每人每年需支出 5000 元左右。

交通支出 旧时，普通农户走亲串友、赶集上店，多为步行。也有人骑毛驴、“赶脚”、用小推车。富裕人家出行以轿车子或乘坐轿子为时髦，视为身份的象征。轿车子前边由一人架着，后边由一人推着，车子一边坐人，一边放行李，坐人的一边铺上毯子或被褥。木轮铁瓦大车主要用于拉货运输。

新中国成立后，通过李家疃村的公路先后建成，交通日渐便利，李家疃村距王村火车站和汽车站均不足 3 千米，村民外出乘坐火车、汽车的逐渐增多。20 世纪 50 年代，村里个别户购置自行车。60 年代末，自行车逐渐增多，村民出行以自行车代步者增多。70 年代，村里购买小拖拉机，村民外出有时也用小拖拉机。1980 年后，村民出行多数以骑自行车为主。是时，自行车每辆 150 ~ 170 元不等，品牌主要有大国防、永久、凤凰、飞鸽、红旗、金鹿等。部分青年开始购买摩托车。是时，一辆摩托车价位在两三千元到六七千元不等，连同挂牌、考执照、保险等各种费用，一辆中上等的摩托车需近万元，每年的维修费、燃油费也需千余元。

1990 年以后，部分个体经营户开始购买汽车。1993 年，村民购买 4 辆“夏利”牌汽车。此后，轿车逐渐增多，村里的个体经营户几乎全部拥有轿车，有的个体经营户每人都配一辆轿车。个体经营户外出洽谈生意、办事多用轿车。至 2016 年年底，李家疃村共有轿车 160 辆、电动汽车 5 辆、运货卡车 3 辆、面包车 1 辆、电动三轮车 30 余辆、电动自行车 200 余辆。村民的交通消费领域不断拓宽，支出逐年增多。

通信支出 旧时，村民的通信方式以书信为主，寄信需到王村邮电局，贴上邮票，寄往各地。确有急事联系，便到王村邮电局拍发电报，拍电报按字数收费。新中国成立后直至改革开放之前，村民通信方式仍以书信为主。

1989 年，李家疃村村民安装了第一部家庭程控电话，安装费近 4000 元。之后，陆续有村民安装家庭程控电话，并开始有人在小卖部安装公用电话。程控电话每月座机费 17 元，拨打电话按时间收费，一般家庭电话每部每月支出 30 元左右。

1990 年之后，通信事业发展迅速，移动通信开始发展，从传呼机、大哥大发展到各式小巧玲珑的手机。至 2000 年，村民家庭固定电话基本普及，部分村民拥有手机或小灵通，村民很少有人再以书信、电报形式通信。

2005 年以后，计算机网络发展迅速，部分村民购置电脑，村民可以通过互联网聊天、洽谈生意、订购商品，还可以通过视频聊天，每月月租费 60 ~ 100 元不等。凡经常外出的村民基本都购置手机，青年人几乎人人都有手机，有的中学生也配备了手机。手机话费一般村民每月 50 ~ 100 元，从事个体经营、业务较多的村民每月 100 ~ 200 元。据 2005 年调查统计，村民座机电话户均 0.99 部，手机户均 0.8 部。至 2012 年，村民购置电脑 100 余台，既有台式电脑，也有笔记本电脑，青年人基本都会上网。至 2016 年，每人每月通信消费 50 元左右，成为家庭消费中重要的消费项目。

家具消费 旧时，村中富裕户室内置有方桌、太师椅、条山几、书桌、抽屉桌、衣箱、木床、梳妆台、衣架、衣橱等。普通村民一般有方桌、灯挂式椅子、抽屉桌、衣箱、凳子、杌子、杌扎、蒲墩子等，贫寒人家则只有自制的矮桌、杌扎、条凳等简易家具。家具多以槐木、楸木、榆木、桐木、椿木做成，富裕户家具用大漆漆制，雕花描金，做工精细。一般人家则用清漆或桐油漆制，做工粗陋。多数木床没有床头，只有床面及床腿，大部分床面不带床板，只有框架，然后在上面铺上箔材，再在上面铺苇席。部分村民冬天睡炕，夏天睡床，也有部分村民冬夏皆睡土炕，冬季在炕上铺些谷草，然后铺上苇席，夏天把谷草去掉，只铺苇席。一般是堂屋摆方桌、椅子，方桌后边为条几，卧室里砌土炕或放木床、衣箱、抽屉桌之类，多数村民一桌多用。很少数的富裕户不论冬夏，都能够生煤炉，冬有炕炉取暖，夏有风炉做饭。而多数村民则生不起煤炉，冬天在炕炉里烧些柴草取暖。起火做饭时，人口多的家庭用砖或土坯垒大灶，用风箱鼓风，人口少的家庭则用黄泥掇成“星垛子”。

1970 年后，村民添置家具渐多，多数青年结婚都要做新家具或翻新旧家具，有配套的方桌、椅子、书桌、梳妆台、衣箱，衣箱分为大箱和小箱，一般是成对的。结婚后与父母分灶吃饭的，父母都要将一应炊具置备齐全，俗称“温锅”。是时，使用蜂窝煤炉做饭的居多，个别也有用锯末炉或煤油炉做饭。

1980 年后，村民家具发生变化，青年人开始购置大衣橱、高低橱、电视机柜、书桌、写字台、沙发、茶几、衣架等，老年人仍使用旧式家具。多数家庭购置挂钟或座钟，部分家庭购置缝纫机和液化气灶。村民基本告别土炕、锅头、“星垛子”。1985 年，村民户均拥有缝纫机 0.6 台，自行车 1.3 辆，50 元以上的大件家具 3.3 件，其中沙发 0.3 个、大衣柜 0.9 个、写字台 0.3 张。1990 年后，家具更新换代加快，村民家具渐上档次，村民开始购置席梦思床和各种材质的沙发、茶几，每套家具少则几千元，多则上万元。

2015 年后，村民新居大都经过装修，青年人结婚更是要精装修，壁橱、吊橱、橱柜等功能齐全，家具用具追求健康环保，沙发、茶几、床具精细典雅，砖砌上灶和风箱不再使用。厨具也讲究自动化，村民住宅楼全部使用天然气灶，住平房的基本都使用液化气灶，既方便又卫生。

◉ 社会保障

养老保险　1992 年，周村区被省政府确定为全省农村社会养老保险工作 38 个试点区县之一。李家疃村按照《周村区农村社会养老保险工作暂行办法》《周村区农村社会养老保险实施细则》以及《王村镇农村社会养老保险工作暂行办法》《王村镇农村社会养老保险实施细则》，制定《李家疃村农村社会养老保险工作办法》《李家疃村农村社会养老保险实施细则》，并从当年开始参加农村社会养老保险，缴纳社会保障金。参保方案是：农业户口的 45 ~ 49 周岁的村民，村里补助 100 元；50 ~ 54 周岁的村民，村里补助 150 元；55 ~ 59 周岁的村民，村里补助 200 元；满 60 周岁的村民从 60 岁生日的下个月起按投保的档次领取养老金。

进入 21 世纪后，村里仍按原标准对村民参加农村社会养老保险、缴纳社会保障金进行补助。

医疗保险　2007 年，实行新型农村合作医疗，村集体投资 5 万元对村卫生室进行改造，建成了王村镇规模最大、医疗设备齐全的村卫生室，做到村民小病不出村、大病不耽误。村集体每年出资 7.3 万余元，为村民加入新型农村合作医疗，解决村民的后顾之忧。

2008 年，为了解决村民看病难的问题，村集体投资 7 万元改造村卫生室，增添血流变检测仪和心电监测仪等医疗设备。同时，为 60 岁以上的老人办理老年人优待证。

老年人供养 解放前，李家疃村实行的是与小农经济的生产方式相适应的传统养老方式，村里的老人生活在各自的家庭之中，基本上是几代人生活在一起，下一代赡养上一代。

改革开放后，李家疃村逐渐走向富裕。村党支部、村委会会把养老工作作为倡树文明村风的重要内容。大力弘扬尊老敬老的传统美德，不断加大对老年事业的投入，保证老年人老有所养、老有所乐，幸福地安度晚年。同时，注重发展居家养老。

2016 年开始，为确保老人的生活有保障，村党支部、村委会会决定对年龄在 65 岁以上的老人发放补助。女性老人每人每月 50 元；70 岁以上的男性老人每人每月 60 元；80 岁以上的老人每人每月 90 元；90 岁以上的老人每人每月 100 元；100 岁以上的老人每人每月 430 元。

五保户供养 新中国成立初期，村里对于病弱孤寡老人和丧失劳动能力的人给予经济扶助，保证其基本生活。

1958 年成立人民公社后，对病弱孤寡老人和丧失劳动能力的人实行"五保"，即保吃、保穿、保住、保医、保葬。五保户的生活费用由大队统筹公益金中支出。对于病弱残疾、生活不能自理的五保户，大队安排近邻或较近的亲属负责照顾并给予一定的工分补助。五保户死亡或病故，大队负责安葬，遗产归大队所有。

1980 年后，农村经济改革，实行土地承包制，李家疃村对五保户实行统一标准，每人每年不低于 250 千克粮食，零花钱每人每月不低于 15 元，柴草由生产队解决。2016 年，村内唯一的五保户高庆忠被送往王村镇敬老院供养。

王淑仁府门楼一角（2016 年） 王焕尧 摄

王氏家族

王氏家族从居住在李家疃村青阳河畔的唐家石屋到进村兴建住宅，教育子女读书、学习，至五世王士达率先入仕为官，尔后或科甲及第，或经商致富，经650年繁衍生息，已传24世，族众达1万余人。建有占地面积4公顷，包含“九门一庄”“八门一府一园”“四府一寺”的王氏大庄园。

奉旨迁徙李家疃，明初洪武第三年。
石洞栖身避风寒，开荒筑屋建家园。

◉ 家族变迁

定居李家疃　据李家疃村王氏族谱记载，明洪武三年（1370），王氏家族始祖王三老随其母亲自河北枣强迁入李家疃村，以农为生，成为一名种田好手。先在唐家石屋居住，后在村头西岗子建房，入村定居，并娶妻生子，始创基业。此前，唐氏、曹氏早于王氏迁入李家疃；此后，村中诸姓先后迁入。王三老做人好，在村中享有很高威望，有文记："有争讼必委曲解息，遇灾难独悉竭力赒救，人咸颂为长者。"他曾在村内种植国槐 3 棵，故有"王氏门前植三槐"之说，王氏堂号即"三槐门第"。

家族传承　王三老生二子，即第二世王览、王富。第三世为王铭、王铨、王键、王钚、王钺，第四世为王孝、王弟、王忠、王信、王松、王鹤、王鹏、王宾、王鸿、王鸾、王凤。王氏家族定居李家疃后，重视读书启蒙，送子孙入塾，到第五世王士达在王氏家族中率先入仕为官，之后科甲连第，从政致文，王氏家族人丁兴旺，开始成为李家疃村的望姓大族。至明隆庆二年（1568），第六世王宣化中进士，后官至南京浙江道监察御史，刑部主事、员外郎，陕西按察使司佥事等。王氏家族从王三老始，初以种田为主，之后有族人逐步开始经商。首先经商致富的是王氏六世王豹，置办田产 500 亩，被称“巨富”。第六世王如化“少业儒，壮经商”“素称巨富，持身有礼”。第十世王庆昇严教子孙，刻苦攻读，其子孙多有功名。其生四子，即第十一世王高、王悠、王睿、王宽。长子王高之子孙多经商贸易成为巨贾，次子王睿子孙多科举入仕。至十二世王以奇时，他善经营，志向宏远，承祖业不断创新发展。王氏家族商业经营达到高峰。他生子三，即第十三世王介祊、王介禟、王介禧。时值清雍正、乾隆年间（1723—1795），以王以奇父子为代表的王氏家族在周村、章丘城、相公庄、济南、天津、江南等地早就有商店字号。他们先是在江南与山东之间做丝绸、线袜帽带、棉布、蚕丝蚕蛹、茶叶等生意。在丝绸、蚕丝、蚕蛹交易中他们发现，缫丝后的蚕蛹可加工做成美食卖钱。于是他们雇人收购加工，运往江南高价销售。因好吃又新鲜，江南有钱人争先购买，一时蚕蛹货物供不应求。至第十五世王悦斌时，随着王氏家族资财积累，为方便南北通商，王悦斌先是在江南、山东开办“隆茂钱庄”，生意兴隆后又发展了数家分行。王氏家族财源滚滚，富甲一方，一时名声大振。王氏家族经商致富后，回村置田买地，大兴土木，历经数代，在李家疃村建成了规模宏大的王氏大庄园。王氏家族成为李家疃村最大的家族。经历代繁衍生息，至 2016 年，已传 24 世，族众达 1 万余人。其中，李家疃村籍王氏后人 450 人、145 户。

外迁分布　王氏家族从第六世起，开始外迁，分出若干分支，分居外村、外县甚至外省，至第九、十世成为首个外迁高峰。先后外迁的族人或因方便经商、管理祖田而另建家园；或寻名山秀水，修建别墅，躲避世俗的喧嚣。外迁范围由近及远，分别是王村镇的王洞村、苏里村、王村村、张古村、万家村、栗家村、大尚村、沈古城、杨古城、张古城，淄川区的岭子庄、冶头村、宋家庄、巩家坞村、刘瓦庄、黄家铺村、七河村，章丘市管庄乡的小闫满村、张家庄、青野村、刘河洼村、台头庄，邹平县临池镇的临池村、柏家庄，博山区的刘凹庄以及河南、江南、东北等地的村庄，共计 50 多个村庄。19 世纪以后，随着生产生活范围的扩大，由李家疃王氏家族迁出的族人分布更广。

◉ 从政致文

科举政绩　李家疃王氏家族至五世王士达率先入仕为官，此后明清两朝，王氏家族共出进士 4 人、武解元 1 人、武亚元 1 人、举人 5 人、贡生 11 人、太学监生 29 人、庠生 46 人、武庠生 16 人。四品至九品堂官加候选官吏共 70 人。

王士达，约明弘治至正德年间（1488—1521）出生，嘉靖年拔贡选授辽宁监监正。

第六世王宣化（1535—1590），字用贤，号云石，明隆庆二年（1568）中进士，始授阜平县知县，后调繁遵化县知县，以政绩卓著擢浙江道监察御史，后任汉阳府知府，刑部主事、员外郎，陕西按察使司佥事等。王宣化之子王我庸清代曾任湖广长沙府谊阳县知县。

十三世：王介祊，太学生；王介禟，武略佐骑尉；王介禧，国子监生，例授武略骑尉。

十四世：王夙经，太学生；王夙纶，布政司理问；王夙绅，太学生，守备所千总；王夙纲，候选州吏目，例授武略骑尉；王元熏，禀贡生，试用训导，儒学正堂，敕授修职郎；王元魁，戊辰恩科武举，候选营千总；王夙焯，邑增生；王夙辉，邑增生；王夙照，太学生；王夙炎，邑庠生；王夙耀，太学生；王元策，禀贡生，试用训导、教谕、学正，敕授修职郎；王元书，禀贡生，试用训导、教谕，平度州训导、教谕，嗣府学教授兼理菏泽县训导，敕授修职郎。

十五世：王悦斌，增贡生，候选布政司理问；王悦甡，贡生；王悦岫，太学生；王悦赞，武庠生；王麟阁，壬辰恩科武解元，候选千总，例授武略骑尉；王悦德，郡庠生；王悦循，太学生，候选都司赏戴蓝翎（五品衔）；王悦徯，从八品授营千总；王悦行，从九品；王悦凝，身材魁梧，自幼习文练舞，所用大刀重 60 公斤，十五六岁就独自押运镖车，明嘉靖十一年（1532）通过乡试考取武亚元，候选营千总，例授武略骑尉。

文学艺术　王氏家族七世王我聘，字冷岑，邑庠生，有著作《翠雨斋诗集》《间妪》《蛩音秋啸》《三台樵语》传世。其事迹《淄川县志》有记载。他自小家道富庶，壮年后曾捐资修筑县西三台山庙宇，后百姓以避匪乱，救人万计。三台山下，南缺庄和北瓦庄争相挽留王我聘落籍村中，后两村合而改村名为留我庄，王我聘难拂众意而迁居村中。留我庄后改名为刘凹庄。十九世王焕奎，自幼喜爱音律，为西路五音戏主要创始人之一。民国初期，自办剧团活跃于淄川、章丘、邹平等地，艺名“自来喜”，家喻户晓。

◉ 王氏大庄园

庄园形成　李家疃先民最早居住在豹山溪（庙子沟两侧）。东魏时期，暴雨连续月余，青阳河水泛滥，冲毁土鼓县城和李家疃，李家疃仅留下了庙子沟向南到轿杆地南河的深沟大道。村民只好向地势较高的西岗子迁移。

元末明初，唐姓先祖入住唐家石屋后又入村建宅；明洪武三年（1370），王三老迁入李家疃。先在唐家石屋安家，后定居在西岗子东西两侧、西门街以南。第三世王钺祖时已居住于此。其有四子，后兄弟分居，王宾居西南，王鸾居东北，王鸿与王凤居西岗子以西。明弘治至嘉靖年间（1488—1567），王氏第四世、第五世已是家资殷实，但王氏后裔仍分散居住，村中也是多姓混合杂居。

到第十世王庆昇时期，开始收买宅院。王庆昇严教子孙，刻苦攻读，其子孙多有功名。其生子四：王高、王睿、王悠、王宽。王高的子孙多经商贸易成为巨贾，王睿子孙多科举入仕。到第十二世王以奇时，他与三个儿子经商致富，并与其子孙开办钱庄，购买了

王氏大庄园（2016 年）　　王军　摄

近半个村的宅地。王以奇走南闯北，对各地建筑多有见闻，他据此规划设计确立了王氏大庄园的建筑风格，即以江南建筑特色为主，既恢宏富丽，又不失小巧别致。王氏家族第十三世王介祊、王介禟、王介禧兄弟三人及其后世子辈，经营“隆”字号、“元”字号绸缎、布匹、茶庄、钱庄发家，逐渐由省内章丘、周村、淄川、博山发展到全国各地，并组建了马帮、车队。创建“震远镖局”进行长途贩运，集聚起巨额财富。他们回村后大兴土木，兴建庄园豪宅。从清乾隆年间（1736—1795）至民国初年，前后历经100多年，终建成“品”字形三大宅区，即王介祊的“九门一庄”、王介禟的“八门一府一园”、王介禧的“四府一寺”。整个王氏大庄园，外有城墙，内有楼房，另有三大花园。

清嘉庆年间（1796—1820），第十四世王夙纲及其子孙奉旨为王介禟妻建牌坊时，因王悦赞宅为王敦化后裔住宅，牌坊无法跨街南北建造，只好东西顺西门街而建。其后王敦化后裔王夙愍（十四世）将王敦化府卖给王如化后裔王夙刚（十四世），王夙愍迁居张古村。其时，庙子沟大桥以北尽属王敦化后裔之宅区，在清乾隆到嘉庆后才相继卖给了王介祊、王介禟。由此导致“四大门”“五大门”之间，大桥以南自庙子沟到大庄园南北中心街，一直存有南北宽不过15米、窄不过10米的王敦化祖宅区，使之不能与王悦循府的后花园及文石山庄连成一片。

王淑信府是“四大门”“五大门”的中心住宅。南连“四大门”，西接“五大门”，北通王悦循府、酒店胡同、文石山庄。此区的房屋、院落、门楼、街道，基本上是在南北两条中轴线上，院落都相互串通。

庄园兴衰　清康熙年间（1662—1722），李家疃村中就有赌博风气。之后，村内赌风一直不绝，王氏家族后人涉及其中，赔上房屋财产，很多人远走他乡。王氏大庄园遭逢首次衰败。康熙二十八年（1689），清代文学家蒲松龄曾在《颂张邑侯德政序》一文中详细描述村中赌风之盛和害人之深。19世纪中期开始，国内深受鸦片之害，此风波及李家疃，王氏家族后人多有吸食鸦片者，不少人拆豪宅买鸦片，王氏大庄园再次呈现败落迹象。

直至新中国成立后，政府严令戒烟，王氏大庄园才得以保全。之后，虽经历“文化大革命”时期的动荡冲击，但王氏大庄园幸存下来。改革开放后，李家疃村支部、村民委员会和村民的文物保护意识日益增强。进入21世纪，以王氏大庄园为主体的明清建筑群的历史及人文价值日益凸显。随着李家疃村先后申报为中国历史名村、中国传统村落，王氏大庄园得到国家和各级政府更多的重视和关注，先后投入大量资金进行修缮保护。以王氏大庄园为主体的李家疃明清建筑群被开发成旅游景点，成为李家疃村和全社会的宝贵财富。

◉ 家风家教

王氏家族定居李家疃村后，重视对子孙后代的教育培养，要求后世子孙忠孝为先，诚信立本，无论经商、务农、读书、做官，都要严格约束规范自己，逐步形成了严格的家风家教，并一直绵延传承500多年。

兴学育人 王氏家族历来尊孔重儒、兴学育人。随着生活的安定富足，二世、三世先祖就开始让子孙读书识字。王氏家族历史上不同时期均设有学塾。私塾一般由一名教师在同一个书房教授几名或十几名年龄不同、文化程度不同的弟子。教学内容，一般先读《三字经》《百家姓》《弟子规》等启蒙读物，接着读“四书”（《大学》《中庸》《论语》《孟子》），然后学习“五经”（《诗经》《尚书》《礼记》《周易》《春秋》）等。另外选读部分诗歌古文及其他书籍，如《千家诗》《唐诗三百首》《幼学琼林》《古文辞类纂》。读书、写字、作诗是三项主要教学内容。教师要求学生天天熟读背诵所学内容，然后在适当的时候由老师逐句讲解。除熟读背诵外，还有写字课，从教师扶手润字开始，再描红，再写映本，进而临帖。学童粗解字义后，则教以作对，为作诗做准备。明清两朝，李家疃村王氏家族经科举入仕者较多。五世王士达，率先考取功名，入仕为官。六世王宣化中进士。之后，在历朝科举考试中王氏子孙连连及第。

忠孝为先 从清康熙中期王甡（字麓瞻）初修王氏世谱开始至2004年，李家疃王氏家谱历经5次编修。历次编修的王氏族谱中，都有王氏家族先祖要求后世子孙忠孝为先的记载。强调族人无论从事任何行业，首先要忠。要负责尽职，存心居中，正直不偏。其次做人要孝，为人子孙，要时时想着父母、孝顺父母，要将奉养父母的责任扛在肩上。明清时期，李家疃王氏先后奉旨修建了3座牌坊，其中2座为节孝坊。一为西门街上的王介禟妻节孝坊，俗称北牌坊。据族谱记载，王介禟官至武略骑尉。其妻王氏“少年守节，敬老慈克尽其职”。二为南门街里的王夙纶妻节孝坊，俗称南牌坊。据族谱记载，王夙纶妻于氏，年轻守寡，“孝养翁姑，彬彬尽礼，扶孤成立，子孙繁衍至五世同堂。”忠孝是王氏家族家风家教的核心内容。

诚信立本 王氏家族的家风家教中，把诚信作为做人、做官、经商、立家的根本。

要求族人做任何事都要诚实，讲信用，不虚伪。李家疃地处交通要道，明清两朝，村里很多人从事商业经营。包括酿造、榨油、糕点、打铁等作坊和各种手工业。19世纪初叶，王氏族人有20多户到南方做丝绸、布匹生意，在徐州、苏州、周村等地设有店铺。村里建有酒店胡同，用于销售白酒、黄酒等；建有盐店胡同，用于销售食盐。王氏家族因重诚意，讲信用，赢得了客户的信任，买卖做得越来越大，积累起可观的财富，回村后购置田地，建成王氏大庄园，王氏家族也成为李家疃村的名门望族。

王氏三槐堂家训 2004年，王氏族谱第五次增修时，第二十世王荣亨将王氏家族的家风家教归纳为“王氏三槐堂家训”，全文为：三槐世第，及至于今。英才辈出，卓尔不群。孝悌为先，忠信为本。惟耕惟读，恩泽子孙。不奢不侈，颗粒成廪。婚丧从俭，持家以勤。嫁女择媳，勿尚重聘，积德行善，不惟俗伦。自强自立，处事以忍。广结贤良，不谋非分。当差有事，尊上宽仁。努力进取，友朋谨慎。勿以诱善，祸及自身。勿以亲恶，招惹公忿。酗酒无度，伤其身心。聚众赌博，财帛散尽。贪婪飘荡，荒废青春。胡作非为，辱没先人。恋衙投宦，必爱人民。忌才害贤，毒族害群。耸人告讼，不如兽禽。利令智乱，灾难必临。祖灵在天，察尔甚真。阴诛阳谴，追究必深。祖灵阴佑，和顺永存。后裔繁昌，福寿盈门。一荣一辱，天地一新。世德世业，纠察昭昏。一谦受益，一满招损。神灵有鉴，莫辱斯文。阴受其殃，阳恶是因。安贫乐道，其心也欣。焚毁朝夕，何堪明晨。纨绔堕落，愧对乡邻。不肖为贤，浪子如金。振兴美族，直上青云。秉公惩戒，繁荣后昆。恭愿后裔，永传家珍。百世不竭，积厚且纯。张德扬惠，守规遵训。

王淑俭府古楼一角（2016年）　　王焕尧　摄

名人与名村

元、明以后，唐、曹、王等姓氏迁入李家疃村，其他各姓也陆续迁入。随着生活安定、人口增加，村民购置田产，扩建宅院，其子孙开始攻读诗书，更多的人走出李家疃村，或走南闯北、做官从政、经商贸易、结识名流，或寻名山秀水、筑舍定居。从李家疃村走出了王宣化等一批历史名人，同时还有很多外地著名人物也在李家疃村留下了他们的足迹。

五世士达首登科，从兹子嗣响连连。
宣公五任政声远，鸾书锡金立淄川。

◉ 人物传

王宣化（1535—1590） 字用贤，号云石。李家疃村人。王宣化少小聪敏好学，14 岁入邑庠为生员，明隆庆元年（1567）中举人，翌年中进士。授直隶阜平县知县，以处事公允得士民爱戴，调繁遵化县知县。县驻军多，历年军民时相冲突。王宣化赴任，以国事为重，调处两方，军民得以相安。其间，清吏胥，减民徭，全县商农受其益，乡绅庶民大相敬佩，颂誉之声不绝。遵化任满以政绩卓越擢南京都察院、浙江道监察御史。任中以敢言直谏称颂一时。其时有一权贵之父收受囚犯贿赂，为囚犯买情减刑，王宣化查知上疏罢免权贵之职；有一任指挥长犯重罪当处死，王宣化依法上报，其人送礼于其家，名曰 10 坛肴品，实为 10 坛珍珠，价值百万之巨，王宣化坚却不受，而移文将其名正典刑。被人称为淄邑“清白吏子”第一人。

明万历年间（1573—1620），迁汉阳府知府。汉阳为楚地之枢纽。王宣化到任即留心民情，谢绝交通。时权相张居正其势正炽，王宣化直言：“只知有楚民，不知有楚相”，故得罪张居正之子，至唆使言官罗列罪名谤诬，致降王宣化为深州判官。万历十年（1582）后，王宣化以判官升顺德府推官，又升刑部主事、员外郎，以廉政有为擢任陕西按察司佥事。赴任途中患病，继而精神错乱，病中清正之态不减，直斥别人过失隐私，致使人不堪而逃。

王宣化为官二十二年，五任地方官，三任京堂官，其廉洁自持、刚正不阿为朝野所重，一生只知有国，不知有家，为官多年而不治产业，终其一生仅有田地十顷，居室器物不异常人。

唐梦赉（1628—1698） 清代文学家。字济武，号岚亭。祖籍李家疃村。清顺治六年（1649）中进士，授翰林院庶吉士，顺治八年（1651）授翰林院检讨，顺治九年（1652）因上疏反对将《玉匣记》《玄帝化书》译为满文而被罢官。归里后，寄情山水，与高珩等文化名人诗酒唱和，并两次南游，留下大量诗篇。主持纂修《淄川县志》8卷。率淄川十余人纂修《济南府志》54卷，著《志壑堂集》24卷、《借鸽楼小集》2卷、《林皋漫录》若干卷。其中《志壑堂集》载入《四库全书》。《借鸽楼小集》《林皋漫录》只见史志记载，未见存本。唐梦赉文学才华名满天下，更具有卓越的经济才华，归田后仍心系家国天下。他主张货币改革，建议招商引资，加强物资流通，以缓解政府财政的压力，为官增俸，为民减税。高珩赞他有“救时宰相之才”。唐梦赉虽身居林下，所来所往上至宰相，下至县令，旁及林下高士、有志青年才俊。唐梦赉应蒲松龄之请为《聊斋志异》作序。唐梦赉在《志壑堂集》中两次提及蒲松龄。唐梦赉到江南，达官显贵、名流仕宦纷纷拜访，索诗、索文、宴请，二游江南不得不变易姓名为方吉。在文学上不肯寄人篱下，自立门户。清初诗坛领袖王士祯赞其“诗近东坡，文类蒙庄”。

王悦衡（生卒年不详） 字汝平，李家疃村人，大约生活于清道光至光绪年间（1821—1908）。授从九品衔。王悦衡弟兄五人，他排行老五。父母年老多病，王悦衡15岁分家单过。他年轻持重，虑事周全，乡亲皆信任他。清咸丰十一年（1861），淄川一带战乱，他背负老母亲避难南山石口峪，在山上垒砌石屋，安顿老母。其后，他被辛庄、王洞、青野、矾硫、张庄、台头6个村庄的百姓推举为团练首领，训练团练，并组织修筑起李家疃圩墙，数村民众到李家疃避难。其事迹被淄川县报于朝廷，被授予候补县丞（钦加五品衔）。《王氏家谱》赞誉他“并行聪敏，立心仁厚，孝义兼全”。

王焕奎（1889—1966） 绰号王妮子，艺名“自来喜”，李家疃人。自幼爱好看戏唱戏。少年时期跟随历城人邓九星（五音戏创始人之一邓洪山之父）演唱章丘梆子，在章丘南部、淄川西部一带走村串乡演出谋生。民国初年，邓九星戏班改唱五音戏，少年王焕奎成为主要演员。他最擅长旦角，主演《王小赶脚》中的二姑娘。1915 年前后，王焕奎自立门户，牵头成立五音戏班，唱红章丘、历城、淄川西部一带农村。1920 年前后，在济南南岗子一带搭班演出，名声大噪。五音戏有西路、北路、东路之分，邓洪山、王焕奎是西路五音戏的主要创始人。流传地区为历城、章丘、淄川、博山、长山（周村）、邹平等地。新中国成立后剧团解散，返家务农。1966 年病逝。

王焕斗（1923—1951） 抗美援朝战斗英雄，李家疃人。1946 年 8 月，参加中国共产党领导的哈尔滨区中队。同年 11 月，被编入农安县大队。翌年 9 月，县大队升级为中国人民解放军第四野战军第七纵队独立师三团。1948 年 11 月初，王焕斗随部队参加辽沈战役。1949 年 9 月上旬，他参加衡宝战役。11 月 22 日，王焕斗立二等功，并加入中国共产党。12 月 6 日，王焕斗立一等功。在胜利红旗插遍海南岛的庆功大会上，军长吴信泉亲手向王焕斗颁发一等功证书。之后，他参加中国人民志愿军赴朝鲜作战。

1951 年 5 月的一天，中国人民志愿军三十九军一一五师侦察科，接到朝鲜人民军某联络站送来的一份紧急情报，得知美军司令部派人到骑一师第八团送一份战略行动计划。师党委决定派侦察科科长张剑生和王焕斗去查明此计划内容。他们化装成朝鲜老乡，深夜驾舢板渡过清川江，被发现后与敌人展开交战，在战斗中王焕斗因伤势过重不幸牺牲。他的遗体被安葬在朝鲜民主主义人民共和国云山革命烈士陵园。

王焕钊（1938—2015） 军队科技进步奖获得者，李家疃村人。1953 年 2 月入伍。1956 年 6 月，加入中国共产党。1958 年，在总装备部防化科学技术研究院从事军事科学技术研究工作，历任技术员、助理研究员、副研究员。曾荣获军队科技进步二等奖 2 次、三等奖 1 次。1993 年起享受国务院颁发的政府特殊津贴。1999 年 10 月退休，为技术五级、文职二级级别，享受正师级待遇。2015 年病逝。

◉ 名人与李家疃

王教为王宣化作墓志铭与祭文 王教（1540—1604），字子修，别号秋澄，山东淄川县苏李庄人。明嘉靖四十三年（1564）举人，隆庆五年（1571）进士。万历元年（1573）授户部主事，负责京城崇文门税收。万历四年（1576）负责浒墅关税收。万历十三年（1585）以考功副郎主持山西乡试。万历十四年（1586）参与官吏大计，二月擢任考功郎。万历十八年（1590）夏起补考功郎，旋转文选郎。万历二十年（1592）正月，受阉党陷害，革职斥归。万历二十八年（1600）饥荒，捐粟施粥，救活灾民无数。应县令之请编修《淄川县志》。死后16年，明光宗即位，下旨抚恤，复原职，特赠太常寺卿，赐谕葬。山东巡抚令淄川县祀于学宫，入乡贤祠供祀，又于县城通衢建专祠供祀。著有《铨部王先生文集》《秋澄诗集》。

王教与王宣化两人同时在朝为官，结为好友，故为王宣化作墓志铭、祭文。

蒲松龄描述李家疃村赌风 清康熙中期，李家疃村赌博之风盛行，男女老少都会赌，外村人也来赌。很多百姓输了房子又卖地。淄川县县令张嵋将李家疃村定为“赌博村”，并亲自带领三班衙役到村抓赌禁赌，整顿村风。康熙二十八年（1689），蒲松龄在《颂张邑侯德政序》（张邑侯，即时任淄川县知县张嵋）一文中对李家疃村的赌博有过详细的描述：“置翁媪冻饿而不之恤者，父诏焉，或裂眦争，兄勉焉，则奋臂起矣。”意思是说，赌徒竟置父母生死于不顾，父劝则怒，兄劝则打，哪还有做人的基本良知。可见当时赌风之盛与害人之深。

蒲松龄豹山赋诗 清康熙二十七年（1688）阳春三月，蒲松龄与邱希潜父子、毕盛钥兄弟一同登上李家疃村东的豹山欣赏桃花，写有七律《三月十九日同邱行素乔梓、毕莱仲兄弟登豹山看桃花》二首。蒲松龄在诗中描写了绿肥红瘦的自然景色，抒发了载酒游山的愉快心情。他在诗其一中云：“春满芳林红渐老，寒凝新草绿初肥”，意思是说，树林里弥漫着春天的气息，桃花渐渐凋谢；刚刚露出地面的青草越来越绿，但还是感觉乍暖还寒。诗其二云：“山石如林青绕座，桃花无缝锦成行”，意思是说，山石林立，青青野草围绕在自己的四周；密密麻麻的桃花，像绣锦一样鲜艳美丽。这四句诗将一片生机盎然的春景展现在世人面前，将桃红柳绿、莺歌燕舞的豹山写活了，写得美极了。蒲松龄在七律《豹山》中则形象地描绘了豹山的石阵、邱氏的别墅。对于石阵，蒲松龄是这样描写的：“眼看石阵云霞护，想见军容部伍齐”，意思是说，石阵在云霞的笼罩下，排列整齐，如同纪律严明的军队。邱希潜是蒲松龄的好友，对他在豹山南麓建筑的“画村清梦楼”，蒲松龄着重描述了它所处的清幽环境——“丛舍遥含春树里”，还突出描写了它的文化氛围——“景物幽芳翰墨题”，这与《淄川县志》对邱氏别墅的描写极其相似。《淄川县志》记载：“邱文学希潜，架数椽于此，题曰：‘画村清梦楼’云。”蒲松龄的词《潇湘逢故人·邱行素意中构画村清梦楼，花竹馆垣，额匾书画，一切备矣，戏为落成》，写的就是这座别墅。

清康熙二十八年（1689）重阳节，蒲松龄与邱希潜兄弟依照习俗，再次登豹山远眺，写有七律《九日同邱行素兄弟登豹山》二首。蒲松龄在诗其一中写道：“东西翠嶂列烟鬟，百里风云指顾间”，意思是说，云雾笼罩着翠绿色的层层山峦，众人站在山上指看百里风景。在诗其二中写道：“危磴石多苔密绣，冷秋山半草横铺”，意思是说，高高的台阶上布满了浓厚的苔藓，秋末半山间铺满了密实的野草。这四句诗，极其简练地描绘了豹山秋高气爽、树木苍翠的深秋景色，抒发了蒲松龄等人面对秋景的宽广情怀、高昂情绪。紧接着，蒲松龄又写了七律《九日赠九如昆仲》二首。九如昆仲，即上首诗中为游山众人提供酒食的邱劝臣兄弟，他们也和蒲松龄一样在科举道路上不得志。蒲松龄在诗其一中写道：“十年落拓悲吾党，千古文章赖我曹。世上莫愁无知己，少年坚志欲持牢。”作者在此强抑悲愤，劝九如兄弟不要辜负青春年华，坚持不懈，努力进取。在诗其二中则描写了众人为了躲避不期而至的秋雨，在玉皇阁饮酒、畅谈的场景。诗云：“玉皇宫阙绣苔痕，白草青岚接观门。上下云堆迷鸟道，东西雨脚暗山村。阁中屡满人盈座，殿角烟寒酒一樽。呼吸若能通帝座，便将遭遇问天孙。”

乾隆御笔赐园名 清乾隆四十年（1775），乾隆皇帝南巡回京，从郑州、徐州、莱芜去长山，经章丘走出四鸡山，穿越青阳河，路经西豹山李家疃村时落轿入村，私访体察民情，并御笔赐园名“文石山庄”。

◉ 口述李家疃

访谈对象：邓永荣、王焕坦、王锦超、王荣元

采访人：孔令海、路意、肖瑶、王焕尧

（一）邓永荣口述李家疃村发展和文物保护开发

邓永荣，男，1950 年 5 月 10 日生，家住王村镇李家疃村，李家疃村党支部原书记、村民委员会原主任。

访谈时间：2016 年 5 月 6 日

访谈地点：李家疃村村民委员会办公室

问：邓书记您好！请问您什么时候开始当村领导的？在来村委会工作之前您做什么工作？

答：我从 1985 年开始担任李家疃村“两委”委员。1987 年当选李家疃村村委会主

专访邓永荣

任，之后一直连任；1989 年至 2015 年担任李家疃村党支部书记。2016 年退下来。我在去村委会工作之前是大队的民兵副连长，自己煅烧过焦宝石。

问：您刚当村领导时村里情况怎么样？您做了哪些工作？

答：我刚去村委会时，村里情况不是很好，尤其是村集体经济不够壮大，我重点抓工业、搞建设，就想让村集体发展得更快一些，让村民的日子过得更好一些。焦宝石是生产耐火砖的原料，我们村的焦宝石资源非常丰富，但要想让大家一起致富，就必须改变之前个人开采的分散模式，转变为集体开矿、个人加工的新模式。大队开始办证开采焦宝石。1986 年 1 月，村集体在村南、村西南建了 3 个开采焦宝石的立井，村集体财富开始有积累了。同年 12 月，村集体又建窑 4 座，年产值 120 万元，利税 25 万元。1991 年，村集体在青龙山王家墓田建耐火红瓦厂 1 个，年产值 100 万元，利税 30 万元。2002 年，在村北 309 国道北、村周围建立李家疃村耐火材料工业园，先后有 6 家耐火材料企业落户村北 309 国道北工业园。村民个人建煅烧焦宝石窑 216 座，红瓦厂 1 个。到现在，村民累计购买大吨位汽车 5 辆，小型汽车 10 辆，小型拖拉机 25 辆，私人轿车 210 辆。

问：中国历史文化名村现在已成为李家疃村最响亮的一张名片。您刚当村领导时，村里古建筑和文物保护方面有哪些问题？当时您对保护古建筑和文物是怎么想的？具体采取了哪些措施？

答：李家疃历史悠久，文化底蕴深厚，古建筑、老房子和文物很多。但由于各种原因，很多人意识不到李家疃村这些老祖宗留下来的东西的价值，上上下下对古建筑和文物保护不重视。到我上任时，村里的古建筑、古文物不少已受到了破坏，看着很心疼。一开始我和村委会一班人对古建筑群和文物保护的思路也不是非常清晰，只是感觉和认识到既然当上了村里的领导，就要上对得起祖宗，下对得起儿孙，村里的古建筑群和文物是历史的见证，不能毁在我们这一代人手里，必须坚决保护下来。有了这些想法后，我和村“两委”保护古建筑群和文物的态度就越来越坚定。到 90 年代，村委会成立了古建筑群和文物保护办公室，制定了村规民约，规定不允许在古建筑群内私自翻建房屋，不准破坏文物，私自在古建筑群内翻建房屋、破坏文物的分别给予停水、停电，并取消其村民享受的一切福利待遇。之后陆续编制了《李家疃村历史文化名村保护规划》《李家疃村历史文物保护办法》。同时，也积极争取上级领导部门的支持和专业的部门的帮助。1997 年，武亚元古建筑群被淄博市人民政府公布为市级重点文物保护单位。2006 年 6 月，李家疃明清建筑群被淄博市人民政府公布为市级重点文物保护单位。2008 年 9 月，李家疃明清建筑群被淄博市人民政府公布为淄博市古建筑近现代优秀建筑和纪念性建筑。2010 年 7 月，李家疃村被住房城乡建设部、国家文物局授予“中国历史文化名村”称号。2012 年 12 月，又被住房城乡建设部、文化部、财政部评为第一批“中国传统村落”。 2013 年 10 月，李家疃古建筑群被山东省人民政府公布为省级重点文物保护单位。同年 6 月，国家发改委批复了李家疃村基础设施建设项目，划拨专项资金 480 万元。2014 年 9 月被国家文物局确定为全国首批 51 个传统村落后，我们村获得了 300 万元的中央财政经费支持。在上级部门的大力支持下，2015 年 1 月开始累计投资 2000 余万元，完成了古建筑群沿街立面修复及“四大门”、“五大门”、王夙刚府、王淑和府等重点院落修缮保护工程，启动了游客接待中心、旅游厕所等配套设施的建设。

问：您现在不当村领导了，对历史文化名村保护和开发利用还有什么想法？

答：从 1985 年当村委会委员、1987 年当村委会主任、1989 年任村党支部书记到今年年初退下来，从最初的开发资源、让村民致富，到如今保护古建筑、挖掘生态旅游项目，从青年走到花甲，三十年下来，看到李家疃现在发展越来越好，名气越来越大，很多人慕名到村里参观，我感到很高兴，李家疃保护开发历史文化的这条路走对了，我们要守护好李家疃这片土地和这些文化资源，希望李家疃发展得更快更好。

（二）王焕坦口述不忘初心、送四个儿子参军报效国家

王焕坦，男，1915 年正月初一生，王村镇李家疃村老党员，101 岁长寿老人。

访谈时间：2016 年 5 月 6 日

访谈地点：李家疃村王焕坦家

问：王爷爷您好！请问您高寿啊？您什么属相？

答：我 1915 年农历正月初一生人，101 岁，属兔的。

问：您现在和谁一起住？您家有几口人？您儿子都做什么工作？

答：我现在是轮流和三个儿子在一起住，在每个儿子家住 4 个月。我家一共有 33 口人。我的大儿子叫王荣宣，1951 年当兵，当过淄博市人民武装部参谋和淄博市市属企业宣传科科长、纪委书记等职。老二叫王荣宽，1969 年当兵，1971 年转业从事教育工作，先后当过李家疃村小学校长、周村保安街小学校长、周村区科协副主任。1990 年 4 月被中国科学技术协会评为"农村科普工作先进科普工作者"。老三叫王荣家，1969 年 12 月入伍，1976 年复员到周村农药厂工作。当过周村农药厂汽车队队长、行政科科长。1979 年被周村丝绸路办事处评为优秀共产党员。老四叫王荣岩，1972 年 11 月高中应届毕业参军，在海军北海舰队通信总站服役，当过排长、连副指导员、连指导员、通信总

专访王焕坦（左二）

站政治处组织干事、组织股长、通信副参谋长、参谋长、通信总站主任（部队长）。立三等功 2 次。1988 年 9 月转业到青岛市广播电视局担任电视塔管委会主任、广电局机关党支部副书记。四个儿子都很优秀，都是党员，都是党的军人，这是我最骄傲的。

问：您都从事过哪些工作？为什么 61 岁了还要求入党？

答：因为家里穷，我十几岁就出来跟着别人打杂，当小工，什么活都干。19 岁之前，一直在给别人打工，那时候一天都干十几个小时，睡觉时间只有四五个小时，很累，有的时候干着活都能睡着。为了赶时间，很多时候都是边干活边吃饭，那个时候帮着人酿酒、收粮食、推小车、喂猪放羊，什么杂活都干，只要能挣口饭吃，甭管多累多脏，没有我不做的活。后来大了些就自己就学着买些东西去集市上赶集，进货卖货，慢慢跟着老师傅学出了些门道，也走南闯北去了不少地方。26 岁便在徐州给掌柜的负责收粮食，一干就是十几年。到了 1941 年，日军侵略咱们国家，那几年的生活非常困难，只能到处奔波，既要讨饭养家糊口，又要躲避战乱，非常困难。好在咱们共产党领导我们把日军赶出了中国，才有了好日子。到了 1950 年，我回到了老家，在村里担任了生产队队长，一干就是 16 年，因为积极参加植树造林、动员社员参军，被淄川区人民政府评为"劳动模范"。是党给了我们今天的幸福生活，所以我也要入党，为党做事，1976 年我 61 岁那年光荣地加入了中国共产党。入了党就要听党的话，不忘入党誓词，为人民服务。我也这样要求我的儿子，四个儿子也都当兵，都入了党，成了优秀的干部。

问：您有什么长寿秘诀？对后辈们有什么希望和要求？

答：没有什么长寿秘诀，主要是心态好、不生气，从小就不偷不抢、不占别人便宜，更不和人打架。我多年没有生过病，连感冒发烧也没有；其次生活有规律，早睡早起，一日三餐按时吃，从不挑食。早饭两个鸡蛋，二两面条，当季蔬菜，汤都能喝干净！最近我觉得不能总吃这么多，年纪大了应该适量减减，现在就减少了一个鸡蛋。每天早晨饭后坚持在院子里散步。我对后辈们的希望和要求是要爱党、爱国，诚实做人，认真做事，尊老爱幼，无论做什么工作，都要坚持为人民服好务，做一个对社会、对国家有用的人。

（三）王锦超口述 52 年乡村医生经历和治病救人

王锦超，男，1946 年 10 月 24 日生，李家疃村村民。1964 年起在村里当赤脚医生，是深受村民爱戴的乡村名医。

访谈时间：2016 年 5 月 6 日

访谈地点：李家疃村卫生室

问：王大夫您好！您当赤脚医生多少年了？当时为什么选择当了赤脚医生？

答：我从 1964 年起当赤脚医生，已经干了 52 年了。当时因为村里需要，自己也年轻，好学习，加上喜欢医生这个职业，就这样走上了从医这条路。

问：您刚当赤脚医生时村里的医疗条件怎样？面对各种各样病情复杂的病人，您是怎样做到让患者及其家属信任和满意的？

答：1966 年，村里刚建了卫生室，那时候医疗条件很简陋，我们医生就两个人，一人一个药箱，里面的药材、器械也不是很齐备。这也没办法，60 年代全国的条件都比较差。一般就是背着药箱，谁家有病我们就立马赶去，有的时候半夜里村民就到家里敲门找我，半夜里跑去人家里给人家看病。记得有一天晚上 11 点多了，有社员来敲门，说家里人闹别扭，喝了农药，我赶紧背上药箱去了他家，当时患者躺在地上直打滚，嘴里还有白沫，我立马给他洗胃、灌肠……抢救了一个多小时，终于把患者救回来了，这是我印象最深刻的一次。到了 70 年代，条件就慢慢好起来了，卫生室也有了大变化，干湿分开，看病和治疗的房屋都分开了，环境也慢慢变好了，但是那时候还得背着药箱到处看病，所以都叫“赤脚医生”。尤其是暴发流行性疾病和换季的时候，根本忙不过

专访王锦超

来，因为要挨家挨户地跑，那时候打针输液少，都是吃药，最多的时候一天要跑七八十里路。别人来找我看病，是对我的信任，当看到来治病的人恳切的眼神，你根本没法拒绝，这就让你想尽一切办法把病人的病治好，而当你治好他的病时，他感激的眼神便是对我的鼓舞。行医救人是件功德无量的事，我愿意做，也愿意一直做下去。

问：您当了52年的赤脚医生，大约救治了多少病人？您觉得怎样才能当好一个赤脚医生？

答：我当了52年的赤脚医生，到底救治了多少病人我已经记不住了，因为不光是为李家疃村的村民看病，就连李家疃村周边的十里八乡的村民只要有病人、有需求，我都去救治。我觉得只有全心全意想病人之急，解病人之痛，不计个人得失，才能当好一个赤脚医生，村民的满意，就是我的安心。

问：您现在有什么打算和愿望？您准备再干多长时间的赤脚医生？

答：只要村里医疗事业需要我，我就在村卫生室为病人治疗疾病。小车不倒，继续推！只要我身体条件允许，我就一直治病救人，救死扶伤到底。

（四）热心导游王荣元口述李家疃村古建筑和文物

王荣元，男，1941年1月28日生，李家疃村村民。

访谈时间：2016年5月6日

访谈地点：李家疃村村民委员会办公室

问：王大爷，您好！您家有几口人？您是李家疃村王氏家族第几世？

答：不客气，王家有6口人。我是李家疃村王氏家族第二十世。

问：您读过几年书？在村里做过哪些工作？您坚持写日记多少年了？

答：我读过6年书，在村里干过第四生产队的队长，从1964年开始坚持写日记，到现在我仍然有写日记的习惯。

问：到过李家疃村的人很多都听过您的讲解，都说您知识渊博，讲得好。您怎么能记住这么多？知道的这么多？

答：李家疃村初兴于明洪武三年（1370），是一座外有古圩墙、内有“四府一寺”“九门一庄”“八门一府一园”、保存完好的明清古村落。村庄内古建筑群是山东保

专访王荣元

存较为完整的明清建筑群。现有保存完好的院落9个、古民居400间、古大门34个。村内有3座牌坊，2座是王氏族人奉旨所建的节孝牌坊，1座是新建的李家疃村牌坊。上级又拨款在村口建起了李家疃村乡村记忆博物馆。我出生在这个村，在这个村长大，生活了一辈子，对这个村的一砖一瓦、一草一木都很熟悉，都有感情，知道的东西多。很多内容是我从村里老人交谈中听来的，怕时间久了记不住，顺便在本子上记录了下来，这几年村里的名气大了，来视察、指导村古建筑、文物的专家、教授讲的知识，我也随时记录了下来，就这样我知道的就多了起来。

问：您什么时候开始为到村的客人讲解李家疃村的历史和文化的？大约为多少客人讲解过？您为什么这么喜欢为客人讲解呢？

答：我很早就喜欢给人家介绍我们李家疃，之前都是零星地讲。集中密集地讲解是从2010年开始。也不知道为多少客人讲解过，听我讲解的既有领导、古建筑和文物方面的专家、教授，也有学生、教师，还有慕名而来的游客，只要需要我讲解，无论是早、还是晚，哪怕是吃饭的时间，我都愿意为他们讲解。我为游客们讲解的目的就是要把我们老祖宗留下来的明清古建筑、文物向广大游客们宣传，让广大游客们把我村的明清古建筑、文物和历史文化传播出去，做到更好地弘扬我村的传统历史文化，让更多的人知道在淄博市周村区有一个中国历史文化名村、中国传统村落，那就是李家疃村。

王悦循府门楼飞檐（2016 年）　　王焕尧　摄

艺文杂记

文献记载，李家疃村的历史名人中，王氏家族的王我聘善诗，有诗集问世，诗作曾得到王渔洋伯祖父王季木的称赞；王三松好西江月，有诗集行世，有《泰岱吟》《东海游曲》《颜镇望景》《灵岩志胜》等作品；王启宗著有《中庸注解》；王甡曾与蒲松龄等共结郢中诗社，研讨诗文。可惜上述作品均未能流传下来。近现代以来，许多文人墨客到过李家疃，有大量吟诵李家疃的诗文传世。

◉ 古代诗文

登豹山东高峰

〔清〕张绂[①]

乱石峣岩岛蓬莱，巨灵开凿费神工。
貔貅石队军营肃，虎豹千群意气雄。
宿地青藤思跨海，摩天黄鹤快乘风。
层层步入云霄上，搔首凭虚门碧翁。

---

① 张绂，生卒年不详。字孔绣，清初山东淄川人，拔贡。著有诗文全集，曾参与纂修清康熙《淄川县志》。

三月十九日同邱行素乔梓、毕莱仲兄弟登豹山看桃花

〔清〕蒲松龄[①]

其一

重重花影日光微，主客开襟坐四围。
春满芳林红渐老，寒凝新草绿初肥。
君家子弟皆英妙，我兴颠狂欲遄飞。
此际不因匏系苦，便应潦倒醉忘归。

其二

开樽琥珀漾金光，良友欢逢意兴长。
山石如林青绕座，桃花无缝锦成行。
谈倾雅剧飞觞缓，风起微尘坠粉忙。
可喜芳辰仍载酒，英英年少半门墙。

豹山

〔清〕蒲松龄

豹山喜近异人栖，景物幽芳翰墨题。
从舍遥含春树里，危峰对插梵宫西。
眼看石阵云霞护，想见军容部伍齐。
我欲凭高呼帝座，一声长啸暮天低。

九日登豹山

〔清〕蒲松龄

乘兴直上西南山，山头松柏高丸丸。
观僮尸解石血殷，剩有老道械梏残。
为我述之心骨酸，况复落魄鬓毛班！

① 蒲松龄（1640—1715），清文学家。字留仙，一字剑臣，号柳泉居士。室名聊斋，世称聊斋先生。山东淄川人。工诗文，善作俚曲。而尤以集毕生精力写成的《聊斋志异》成就最高。又有《聊斋文集》《聊斋诗集》《聊斋俚曲》等。

老友载酒坐相欢，我醉欲歌行路难。
世事茫茫何其僨，拍手大叫沧溟宽。

九日同邱行素兄弟登豹山

〔清〕蒲松龄

其一

东西翠嶂列烟鬟，百里风云指顾间。
解恋穷愁惟白发，犹堪告语但青山。
酒如庄列增人放，海样乾坤任我闲。
知己相逢无好景，茱萸相对一开颜。

其二

青女初临树色枯，游人逸兴满归途。
牢骚喜赴高阳约，醉渴欣逢便了沽。
危磴石多苔密绣，冷秋山半草横铺。
可知此日登高乐，插得黄花过酒垆。

九日赠九如昆仲

〔清〕蒲松龄

其一

临风把手一登高，但觉英龄健似猱。
清饮辄缘佳客醉，白头频为故人搔。
十年落拓悲吾党，千古文章赖我曹。
世上莫愁无知己，少年坚志欲持牢。

其二

玉皇宫阙绣苔痕，白草青岚接观门。
上下云堆迷鸟道，东西雨脚暗山村。
阁中屦满人盈座，殿角烟寒酒一樽。
呼吸若能通帝座，便将遭遇问天孙。

◉ 现代诗文

王氏六百年歌

王荣亨[①]

故土依依山水间，沧桑阅尽几千年。
青阳水岸人居早，云豹山间有古环。
殷商封划逢陵地，秦王挥马驻要关。
铁枪寄宝西征去，壮士归魂豹山烟。
群雄逐鹿千里赤，移民含泪走中原。
吾祖溯源太子晋，吾宗本出三槐堂。
发祥莘县群贤堡，王旦王约王重阳。
始祖迁发冀州土，惺惺母子石屋寒。
披荆斩棘理荒秽，农稽诗书继世传。
五世士达首登科，从兹子嗣响连连。
宣公五任政声远，鸾书锡金立淄川。
长子世哲军功著，镇守参将坐边关。
六世兄弟近半百，振羽肃肃出乡关。
为商为仕为显隐，四面八方建家园。
能文能武多才俊，七八九世势蔚然。
叔侄同榜进士二，兄弟一门县令三。
读书立社著文章，筑路修桥建庙观。
乐善好施救危苦，避匪活人逾万千。
二十三村贯百里，酒坊茶肆满期间。
一俟崇商诗书寡，骰粒翻飞家境落。
张嵋县令闻之惊，车马幸临救倚偏。
以奇重振豪门气，日习夜练家规严。
从兹商贸通南北，钱庄镖局佐其间。

---

① 王荣亨，1953 年 10 月出生，李家疃村人，王氏家族第二十世。

重修旧舍换新舍，富丽堂皇起庄园。
三大花圃竟芳蕊，二十高门并云端。
巨贾大商财源盛，文臣武将忠孝全。
节孝牌坊当街耸，解亚双元旌蓝天。
安邦定国倾囊舍，御患保家起高垣。
青烟袅袅起英伦，亦幻亦真日色昏。
百二烟枪竟吞吐，珍珠玛瑙化烟尘。
妻离子散商贾废，残垣断壁望归人。
百年国难与家仇，落魄子孙赴国忧。
商战壕战同敌忾，热血头颅著春秋。
风雨过后见晴天，翻身做主喜开颜。
商铺赎买归国企，甲盔卸却植园田。
未意新天远虑穷，烧烧砸砸逞武功。
碑倒楼坍人文坏，山穷水尽戾气浓。
劫后方知昨日非，废墟犹得名村回。
君不见多少旧主换新主，人心不古枉作为。

考李家疃王氏大庄园有感

王荣亨

奉旨迁徙李家疃，明初洪武第三年。
石洞栖身避风寒，开荒筑屋建家园。
青龙葬母定祖茔，豹山传说梦今成。
豹山溪水村中过，青阳河流绕庄行。
创业五代逾百年，士达耀祖登科程。
耕读奕业科甲出，四面八方有贤名。
务农经商诗书寡，染赌败家基业崩。
浪子回头金不换，十三世人振族风。
经商贸易通南北，开设钱庄隆茂名。
规模宏远庄园起，门楼高大宅院奇。

财源茂盛书为本，习文练武报国恩。
解亚双元夺魁首，牌坊旗杆忠孝铭。
千里长堤溃蚁穴，吸毒酿祸族人惊。
家破人亡千古恨，古宅残墙世人警。
改革开放奔小康，老树新芽启后芳。

咏李家疃[①]

李奎封

明清群落动吟魂，历史斑斓又一村。
古巷幽深蕴名士，九门显赫沐君恩。
几经风雨人虽换，数历烽烟迹尚存。
缕缕情丝连代代，家风祖训馈儿孙。

传统村落李家疃

孙中道

承古尘封开殿宫，明清流韵意无穷。
宝雕漫证传奇梦，华岁重温赋鲁风。
两府三园千古气，四家一际万般功。
白云南豹约春水，卧听诗涛醉彩虹。

访李家疃古建筑群

张德祥

窄巷横斜隐凤麟，热情村叟导迷津。
九门传世诸多梦，两府钟才无限春。
白玉兰开如淑女，金丝柳翠候诗人。
奇风幻雨今盘点，漫索枯肠大写真。

① 以下诗词选自淄博市诗词学会成员到李家疃村采风的作品。

游李家疃古村

张文富

远接青山豹共龙，长衢穿过别西东。
马牛橛子石墙外，龟鹤图形网户中。
此地亭台春正好，当时冠冕梦成空。
几回劫火消残后，看取人间古道风。

初访历史文化名村李家疃

刘忠文

九门闾阖气，两府绮楼香。
遗物集四古，奇岩名一庄。
乡村舒逸韵，史迹展辉煌。
无枉斯行远，齐风文脉长。

访中国历史文化名村李家疃有怀

赵文森

故邑逢陵贮史光，明清遗韵味悠长。
誉传四古解元府，辉耀九门文石庄。
尚武多存齐鲁气，理财不负晋徽商。
颓垣尽复尘封梦，留住乡愁根脉香。

李家疃古村院落

成方效

喜寿祥翁当导游，来龙去脉说根由。
拐弯抹角安危设，错齿咬牙陋巷筹。
巧解寒窗诉新意，咨询贞妇有明谋。
九门一墅重修缮，古镇沧桑史迹留。

鹧鸪天·李家疃古村风韵

于艳萍

难舍斑痕老宅情，飞檐挂月旧门庭。
明清古韵迷荒径，风雨经年累美名。
穿小巷，问曾经。乡音切切说前生。
隔空叫卖兴隆景，可是邻家那一声。

中国历史文化名村李家疃

张经佩

斑驳渐除探鲁商。老街旌表筑牌坊。
固基尚在家残壁，归燕犹来巢旧梁。
深巷浓醇客陶醉，望门敦厚道繁昌。
苦心跋涉重回忆，树大寻根到故乡，

访李家疃乡村博物馆

白玉和

门前老柳荡青阳，摇拽春风紫气张。
阅尽沧桑维九户，评叹功德认三乡。
村街犹记兴衰史，牌石镌呈节孝坊。
今日农家新气象，旅游文化著辉煌。

游李家疃

李钟琴

踯躅九门兼一庄，李家疃里看沧桑。
春风料峭解元府，斜照迷朦节孝坊。
深院忽飞栖屋鸟，寒窗不见读书郎。
乡愁古意交相迫，故土遥思已迷茫。

李家疃王家大院感赋

胡庆吉

豹山林下绕溪清，王氏庄园久盛名。
砌玉堆金宫殿立，读书科考亚元荣。
九门开放通衢道，三府祥熙庆太平。
怅恨赌毒成二竖，霎时倾覆小朝廷。

首访李家疃

赵锦绣

远来顿觉古风存，小巷大街留旧痕。
篁竹凌空灵气显，农翁讲史客人尊。
唐家石屋仅三口，王府庄园含九门。
品格超群观四胜，中华文化一名村。

访历史文化村李家疃有感

刘乃荣

明代纷呈华丽堂，凤凰山丽九门庄。
功名显赫居京里，商贾繁荣耀故乡。
时过族无冠冕继，境移家被逆儿伤。
垂珠马石今犹在，不见当年官舍郎。

参观王村镇李家疃感怀

郭明秀

成于勤勉败于惰，王氏兴衰符验真。
苦练解元终及第，精营豪宅甚惊邻。
嗜抽痛使门寥落，惯赌悲招债逼频。
幸有贤明重击鼓，方教窘境又回春。

李家疃

孙泉莹

古疃采风谋秀斓，明清遗迹焕苍颜。

卓识远见老书记，睿智求实新领班。

留住乡愁滋壮志，记得村史续宏篇。

如今名气扬华夏，硕果丰盈慰祖贤。

◉ 碑记　祭文

福侯碑碑记

公讳介禧字福侯，国子监生，例封武略骑尉，孝友勤俭，好善乐施，宗族乡党称盛德。□□□□□□□□生于雍正十一年七月十五日子时，卒于乾隆五十五年四月十六日申时，享年五十八岁。元配陈太安人出三女，生于雍正十一年正月二十七日午时，卒于道光元年正月十五日巳时，享年八十九岁。继配张太安人生三子一女，生于乾隆十八年正月初七日巳时，卒于道光元年六月二十五日酉时，享年六十九岁。

例封武略骑尉王公福侯、太安人陈/张氏母之墓

奉祀男：历任训导元熏、捐授从九夙桂、戊辰科武举候选营千总元魁

孙：悦琳、悦珺、壬辰武解元候选营千总麟阁悦琪

曾孙：淑贞、淑庆、淑泰、淑吉、淑乐、淑安、淑礼

长女适杨公秀恒、次适杨公秀烈、次适宫公圣传、次适曹公德海

道光拾柒年岁次丁酉六月杀旦

敕封奉议大夫王公暨配苏孺人合葬墓志铭

王教

公讳宣化，字用贤，号云石，世居淄西鄙。始祖传傅生钺。钺生宾，好施，常折券弃责。宾生公父士逵，封监察御史。公坦夷足智。十四岁补邑诸生，名籍甚。每集，儃儃不趋，睫交于目，望之兀然。比章成，士尽反走无应者。戊辰进士，授阜平知县。阜平治并西山，俗羯狭多盗。公廉知其主名根株，稍以威信伏之，几治。天子察办治烦，调遵化县边邑。劇军民交恶，急则挟行，间以倾动，令直指使者旁午人欲有所取，

报命天子，不能无求多顾，人人最公。于是大司马刘公总督蓟辽诸军事治密市。虏互有龃龉，公数从旁画便宜，未尝不奇中也。一夕，某檄下军兴趣且饼万，故以观公。尉相顾错愕。公慢慢谓使者："士固欲宿饱耶。"徐指授所具，咄嗟立办。其应卒如此。尝夜梦老父曰："无以若家大人持二心，吾业厉针取其踝，幸安步矣。"时封公病足，公盖欲免归。既见梦，窃喜益自负。蒲岁以治行，徵为南京监察御史，属摄诸道，使事戚辈更从曳公行部。公不应，曰："若知我何往已从一暨跳身！"与舟子俱察墨绶不职者斥退之。部若属惴惴矣。大僚某，父啗囚金以大僚市囚，惧负，因邑子，言大僚所刺入自操大挺挝。邑子使数百部人士大欢。公曰："是恶事闻而易而恚耳。"露章劾罢大僚。无何升汉阳知府。公为御史，恬于势交多甘心公者。既受事汉阳，则笑曰："区区者欲小咻我也，会雌而牛鼎荐之耳。"某子甲负父势，所至称贵介趋迫，邮传长吏争因门下献金币为寿。公为不闻也者。而过之会有蜚语中公，谪判深州升顺德推官，寻升刑部员外郎。所至知无不为子辈谏。少即安，辄恚曰："孺子何知，孰使尔翁作若者食焉而怠其事，亦喀喀伏地上死耳。"尝谓诸子："不以道得舒用之不犹愈乎？不德而汰持不可知之偿，以要里中豪而令取贯朽之余怏怏移德，我何为焉。"庚寅升陕西佥事，道里中而病。病语乱，刺剟人过失，悉中其隐，往往忸怩逃去。屈指某某行丑好，顾益尽物意。有所吐辄大诟，盖其夙藏如此矣。公性俭，不苟取予。卒之日，贫贱几无以藉幹。配苏氏封孺人，先公卒其治生古敬姜之俦也。公生于嘉靖乙未九月初十日，卒于万历庚寅二月十二日。孺人生于嘉靖戊戌六月二十九日，卒于万历乙亥八月十一日。子五：长世哲，京卫武庠生，娶阳丘袭光焕女。次世睿，邑庠生，娶阳丘庠生张选吉女，早卒。次世颖，邑庠生，娶青州庠生翟进贤女。次世晢，未娶卒。世敏娶太学生郑应弼女。俱孺人出。女一字文林郎赵桐男赵大勋，继苏孺人。出。孙男二：润，哲出，聘邑庠生高誉女；澜，颖出，聘邑庠生蒲梗女。孙女六：哲出者，一字医官高惟卑男高贵，一字邑庠生张浴男张其猷，一未字；睿出者字邑人省祭官张濬男张其俟；颖出者二，未字。公治堪舆家言且□ □ □ □ □ □ □ □十年。其言以枯菀相感如花之在苞。尝欲裹百日粮行视诸林麓，几得善地而厝焉。比孺人祔三徙矣，晚瞩尚礼庄之西原而乐之曰：死必藏我于是。是为终而容坦然，而衷偘然。忠不怵强，义不蕴藏，蓊兮欝兮，公之室兮。

祭云石王公文

王教

维公位不酬德，任不竟材，寿不耄耋而齐志以终。嗟呼，人生无不去之荣，亦无不死之日。所贵以不朽，唯浩然之气。存以其节，殁以其名，与岳川俱寿，不逐世以沉浮也。公自挟筴读书，业已起臧高之誉，动阛阓之称。未几，封公车。又未几，已成进士，则公之苦心少酬而神冉冉王矣。初试，几邑効，再试，繁邑効。则英茂少抒而声琅琅振矣。国是纷纭，人持一隅之见，疏不必行。公既擢留台也，章数上而数报，可不凛然名御史乎？贵介交游，谁得抗孤高之节而藐不与通？公既守汉阳也，知楚民不知楚相，不卓然良二千石乎？虽中山有箧，其何伤日月之明？虽谪倅为劳，不能阏朝野之诵。越明年，晋司理，晋比部，而天且遗之艰，则公之哀毁在庐抑何戚也？迨三岁，拜郎署，拜佥臬，而天且夺其躬，则公为寿弗遐抑何舛也！嗟嗟乎！公所能者人，所不能者天。余所知公者，节；公所不朽者，名。且也上知以贵所生有伦章在，下之以延世芬有嘉树在，则公有遗恨乎，岂无为我歆乎？

◉ 传说　考证

李世民赐李家疃村名的传说

李家疃村村名来历史无记载，只有祖祖辈辈的传说。村中老人口口相传，说很早以前因村豹山黑峪子的溪水从村中穿过，故村名叫黑沟庄。其位置在豹山溪水东西两岸，东魏时期青阳河暴发洪水，洪水越过轿杆地南台子冲毁了村庄，同时也冲毁了土鼓县城，由此村庄向高处西移。

唐武德元年（618）唐高祖李渊建立唐朝后，命秦王李世民东征北战，李世民率领十几万大军从河南出发，进军山东。大军过莱芜从青石关（今 205 国道）进入青州、博山、淄川境域，来到豹山脚下黑沟庄，将士早已是疲劳至极。李世民命令大军在黑沟庄安营扎寨好好休整，自已带军师巡游山河观察地形，登豹山之顶瞻望四周，遥望西北越青龙山、白云山华北平原一望无际，俯瞰山下黑沟庄尽收眼底，青阳河环绕村庄，因村庄群山环抱、溪水环绕，地势较低，从南、西、北三面远望不见村庄踪迹，近前则山村迥然。地肥水美，十足的风水宝地，又是东西南北的交通要道、战略要地。李世民决定留下亲信住守。大军在此休整十余天，将士们个个都精神抖擞，李世民为鼓舞士气在村南豹山脚下高广之地召开军民大会，阅兵点将，感谢黑沟庄和周边村庄百姓的支持，并以皇家姓氏赐村名为“李家疃”。自此黑沟庄改名“李家疃”，沿用至今1300多年不变。李世民当年的阅兵点将台在村南，村民称之为南台子，此地名至今依然沿用，并在原地修建了瓦厂。

王氏家族的传说

王氏母子自河北枣强迁来李家疃，在唐家石屋安家。白天母亲给人缝补浆洗，王三老给人放牛；晚上母亲纺线织布，教王三老读书识字。一天，王三老在青龙山上放牛，看到唐家人同一个外乡人在青龙山前后转来转去，好像在寻找什么，最后他们在青龙山东头，挖坑埋下东西，并在四周插下了四根木橛子，其后唐家人天天到此探视。王三老很是纳闷，就偷偷来到埋东西的地方想看个究竟。结果挖开一看，是两个鸡蛋，周围是四根柳木枝子。再打开一瞧，里面已变成小鸡了。晚上回家，王三老就把此事告诉了母亲。母亲是见过世面的人，一听就知道是唐家请风水先生选择茔地。埋鸡蛋是验证风水的。如果埋上的鸡蛋能孵出小鸡，一定是风水宝地。由于母子初来乍到，还人生地疏，母亲怕王三老惹出事端，自然不能实说，只是随便搪塞了几句，然后嘱咐王三老明天一定按原样给人家再埋上两个鸡蛋。王三老非常听话，第二天就从家里带了两个和原来差不多的鸡蛋照原样埋上了。但谁知道，调皮的王三老这次埋的却是两枚煮熟的鸡蛋。为了弄清唐家人埋蛋的秘密，王三老还是天天放牛，天天留心观察。二十天后，唐家管家和先生终于来挖东西了。挖出一看，竟是臭蛋，失望之余，只好另择他处。后来唐家选择了青龙山以东一公里处作为茔地。

几年下来，王三老已长大成人，在母亲的调理下不但成了一名种田好手，而且知书达理，深得唐庄主赏识。母子二人辛勤劳作也略有了点积蓄。在唐家的帮助下，母子在村头西岗子建了一处简陋的房子，王三老娶妻生子，有了自己真正的家。

光阴流逝，母亲也逐渐年迈病重。这天她知道将不久于人世，便把王三老叫到身边，说：“儿啊，我们千里迢迢，好不容易才来到这里，看来死后葬回老家是不可能的了。你事先必须得买点墓地啊。依我看，最好是当年风水先生埋鸡蛋的地方。”母亲深知，此地地处青龙山左腋。山前有悬崖，名“盆子崖”。崖间有碗口粗一泉眼，名“青龙泉”。泉水长年喷涌，与西来的青龙山溪水、南来的青阳河水汇集在一起，清澈明亮，称之为“龙眼”。古人云：“山断头，出王侯。”得此茔地，后世必人丁兴旺，财源茂盛，官运亨通。

王三老尊母训找到唐庄主，没费多大劲就得到了许诺。从此王家就有了自己的第一块茔地。王三老死后也葬于此，逐渐成了王氏祖茔，号“王家林”。

王家祖茔不愧是一块风水宝地。王氏定居不到百年，就科甲连连，成了“齐鲁名门望族”。先是五世王士达率先登科入仕，后面六、七、八世连中 3 名进士，可谓官运亨通。

俗话说：“木秀于林，风必摧之。”王家的兴盛也招来了仇家的嫉妒。最后他们请来风水先生，偷偷用豆油和生石炭捣成油炭，和上生铁沙子注入茔前的泉眼，再用三口生铁大锅和着油炭把泉眼封住，以此来破王家祖茔的风水。传说泉眼被封，泉水出不来，憋得嗷嗷叫了三天，最后从章丘城冒了出来，形成了名泉——百脉泉。泉眼被封后，后世王氏虽也财源茂盛，有科考功名，但始终未出高官。

王氏祖茔被毁的原因

王氏祖茔历经 600 多年的风风雨雨，安葬了王氏 20 代子孙。过去长年雇有守墓护林人，曾经是古柏参天，石碑林立，一派葱茏肃穆的景象。最后，终因自然和人为的因素被毁掉了。

先是 1936 年，族人修缮祖茔前的防护坝，为筹措资金在祖茔砍伐十几棵死树以作费用。因谋划不当，砍伐十几棵树后资金仍然不足，只好再伐。族中遂产生意见分歧，甚至误解，最终此事被族内外的恶人利用，导致王氏祖茔的古木被抢伐一空。大到三人合抱、小到手腕粗细的树木，皆被砍伐。肃穆庄严的王氏祖茔顷刻间就只剩下裸露的坟墓和石碑。

20 世纪 50 年代大兴水利，王村人民公社在青龙山修筑李家疃水库，王氏祖茔正处水库当中。汛期一来祖茔被库水淹没，旱季一到又露出地表。十多年冲冲刷刷，不少坟头被夷平，石碑坍倒，树木难以生长。今天看到郁郁葱葱的青龙山是 60 年代初村领导带领全村老幼植树造林所为，虽较当初所植树木只剩十之一二，但仍然为青龙山增添了青色。“文化大革命”期间，砸石碑，平坟头，挖古坟，修水渠，王氏祖茔被彻底摧毁。

唐氏定居李家疃并外迁的考证

唐姓始祖在元大德年间（1297—1307）迁居李家疃。在明正德年前后逐渐外迁。唐梦赉创修唐姓族谱将迁居南坡之先祖，定为唐姓始祖，并记载了唐姓迁居原因，从正史及军帖多方面考证了从李家疃外迁南坡的年代。唐梦赉在族谱中载："一世迁南坡始祖正（唐正），唐氏世为淄西青龙山东李家疃人，疃东唐家山山西村南唐氏石屋固在也，疃茔卧石香炉三，数手不举，旧器石几表柱俱存，相传茂祖（二世祖唐茂）未迁南坡之前，高门驷马之家也。与蒙阴应里役族人口角，其妇自缢缘事破产，迁于南坡，故今世祖自太高祖茂以下是为迁祖云……""二世茂：行一配赵氏传闻太高祖迁南坡时高祖寿尚未出生，以军帖考之当是正统之生也，盖军即调卫始普行文移清本籍丁地给帖以防勾逃耳。""三世寿：行三配王氏，出生时已迁南坡矣，仍回葬李家疃祖茔，碑在万历二十一年（1593）仲夏立石，葬日已有十一。"从唐姓族谱中可证其迁移在明正德年前后。唐梦赉为李家疃迁居南坡后唐氏第七世，与王氏九、十世时代相同。

蒲松龄在为唐梦赉写的生志中载："唐太史公字济武，号岚亭，爰弟锡土。曾有桐叶之封，因国为家爰人仓曹之谱其先枣强县人迁于淄，卜居西鄙创业南坡，世有奇人家传旧业。阅十三世至公（唐梦赉）祖硕宿望……"蒲松龄之文说明唐姓是从枣强县迁居李家疃，从李家疃又迁南坡，由此可推断唐姓在元大德年前后定居李家疃。唐姓较王姓定居李家疃大约早二到三世，约 60 ～ 100 年。

云豹湖的考证

早在新石器时期末，白云山与豹山之间还是一片四面环山的湖泊，名为云豹湖。云豹湖处于特殊的地理地貌，南有四鸡山，北有长白山、白云山。东西长达 20 千米，有茶叶山、卧牛山、盖洲山、红岭山、黑虎山、独山、簸箕山、青山林立，山湖岛屿连绵不断，形成淦河之源；东岸有葫芦山、卧虎山、泉子山、碾子山连接冲山，丘陵起伏，沟壑纵横；南岸自岭子、冲山向西有豹山、青龙山、凤凰山；西达普集西、章丘城东，青阳河入湖口海拔近 220 米，豹山北面半山腰有链船环 160 米。地居豹山、青龙山之间的李家疃村海拔 185 米，云豹湖区域地形处南高北低，自此以西地势为东高西低，以东则是西高东低。云豹湖方圆四十里山高水深，古人称之为天池。湖内湖水清澈，鱼虾成群。云豹湖周边早已有人类生活居住，当年先祖依山傍水而居，以捕鱼、狩猎、桑蚕为生，现今仍有许多地名、村名遗迹可寻。新中国成立前，豹山尚未开发，苏里庄南侧豹山半山腰上还有古时候系船的链船环，山南巩家坞发现过焙烧陶器的古窑址和石制纺锤。李家疃也有人类早期居住遗迹，村南青阳河畔有一片天然石灰岩石洞长达 2000 米，高处海拔 190 米，低处 160 米。临水朝阳，适宜人类居住，南可进山狩猎，北可下湖捕鱼。文字记载至元、明时这片天然石洞仍有人居住，名为唐家石屋。仅距豹山 20 千米的章丘城子崖龙山文化遗址的发现证实了此地 3000 年前的文明史。二十世纪六七十年代，王村人民公社在李家疃村开采焦宝石，在青阳河畔唐家石屋一处较宽大的石灰岩石洞建炸药库时发现了类似石刀、石斧、贝壳、兽骨之类的文物古迹。2014 年，淄博市文物部门在李家疃西门发现新石器时期陶片。虽至今没有发现更多的历史记载，但山间古环（豹山半山腰的链船环）、河畔石屋（唐家石屋）足见李家疃的历史悠久。

3000 年后的今天，云豹湖已不复存在，但登临豹山、白云山之顶俯视四周，山川水系依旧，地貌村庄仍在。

豹山的传说

豹山坐落在李家疃村东，原属淄川县管辖，距西铺村不足 5 千米，是当地的一处风景区。蒲松龄在西铺村坐馆时经常会同友人登山游玩。据《淄川县志》“舆地志·山川”记载：“豹山，县西五十里。山巅建立宫观，各依巨石，上筑高台，梁柱阑盾皆石。历级而上，大似浮槎。绝巅两石相对，一经中通，呼曰天门。从松柏杂树中遥望，南山缥缈，若蓬莱三岛。”豹山分两个山头，短而圆的东山头形似豹子的头，长而阔的西山头形似豹子的身躯，西边名叫杏花沟的河形似豹子的尾巴。位于东山头的豹岩观（又称玉皇观）建于明朝，蒲松龄在《登玉皇阁》中形容道观“树接天门孤殿开”，指出它的险峻。豹山上堆满了形态各异的巨石，大如房屋小如床，当地人依据形状，将其称为楼斗石、仙人床。豹山南侧泉水较多，《淄川县志》记载：“有泉出山南麓，冬夏不涸，东注为溪。”豹山的春夏秋三季，山花野果漫山遍野，香飘十里。

豹山还有一个传说，相传在豹山的东侧有一个独立的山头，因形似老虎的头，被称为虎头石，据说它关系着某一豪门大族的兴衰。毕家有一名猛士，夜里梦到老虎咬他，便认定是虎头石在作怪，于是他率领一伙仆人凿破了虎头石，虎头石上竟流出玛瑙色的液体，毕家猛士和仆人把流出的液体煮熟后吃了，感觉味道很甜。现在虎头石只剩下了“虎耳”。这个传说可以从蒲松龄的七言古诗《九日与同人登虎头石》得到佐证。诗中云：“居人指石以为虎，有人梦虎迁石怒，大招工匠襁属来，径环领项纵斤斧。虎头堕地摧山冈，齿牙崩卧如群羊。石髓软倾赤玛瑙，煮啖脆腻杂膻香。山上生石几千载，一旦石破山容改。壮士野死颈血青，山灵祸报将无乃？”蒲松龄在这首诗中描写了登临虎头石见到的深秋景色，叙述了虎头石被破坏的原因、经过和结果，并在诗末对这种破坏自然景观的愚昧行为进行了谴责。

青龙山的传说

“山不在高有仙则名，水不在深有龙则灵。”青龙山自古享有盛名，故事传说颇多。相传几万年以前这一带是一片大海，四鸡山、豹山上都有链船环。现在青龙山南面山坡上、官庄一带随处可以捡到鱼、虾、贝壳之类的化石，可见大海之说是有一定依据的。

传说青龙山原本是东海龙宫的青龙太子。有一次，他逃出龙宫，在这里遇到了一只凤凰，一见倾心，便忘了回宫。二者朝夕相处，饿了吃山珍海味，渴了喝山涧清泉，无拘无束，自由自在，不知生活了多少年。有一天，青阳河对面忽然来了一虎一豹。它们的到来搅乱了这里原本的祥和宁静，其他动物不敢再来青阳河饮水，小鸟不敢再在林间歌唱。不仅如此，虎豹还想独霸这里，永远称王。这天，虎豹与青龙太子、凤凰恰巧都到河边饮水，双方发生了争执。虎豹自恃是兽中之王，不许青龙太子、凤凰与它们同饮一条河水。青龙太子岂能受虎豹所欺，一场恶战一触即发。双方打得天昏地暗，倒海翻江，原本山明水秀、风调雨顺的土地，被搞得一片狼藉。玉皇大帝知道此事后，便派八仙前来说服，结果无功而返，最后只好请来如来佛祖和观音菩萨前来处理。虎豹哪是如来佛祖、观音菩萨的对手，正欲逃离，如来佛祖连发三道紫金箍，把虎豹牢牢地定在了青阳河东岸，并予以点化。从此以后，虎豹永远在此为玉皇大帝守护金银宝库。因此，豹山又叫宝山。“紫金箍”的“紫金”就是铁，所以也叫铁箍山。如来佛降伏虎豹的同时，观音菩萨也点化了青龙太子，让他永远掌管这里的行云布雨。所以后来青龙山便留下了八块石头，名为八仙石，分别是耧头石、蛤蟆石、山界石、仙人石、降龙石、马头石、金龟石、活头石。

青龙山非常神奇。远处的白云、胡山、四鸡山及附近群山属一道山脉，清一色都是青石山，只有中间这小小的青龙山例外，是金黄色的熟石山。为什么呢？传说早年青龙山上的八仙石，七块是熟石，只有一块是青石。这块石头不光状似卧龙，颜色还随天气不断变化。青石颜色呈现银白，保证天气晴朗；呈现苍白色，肯定要刮风；呈现灰暗色，必定是阴天；呈现黑色湿润，即将下雨；青石湿润滴水，必有大雨。久而久之，人们种地、出门事先总是要先到青龙山上去看看“天气预报”。此事一传十，十传百，越传越远，越传越奇。后来村民无论种地、出门，还是考官、求财都要到青龙山上看看，并烧香许愿。说来也神，这些愿望竟无不灵验，于是，当地村民在此建起庙宇，取名龙丹寺。传说龙丹寺最初是和东岳泰山的碧霞祠同时修建的，而且供的是同一尊神仙。后来历朝历代都有官府、个人出资修建或修复。明朝时官府投入大量资金对龙丹寺进行修复，并改名为盘龙寺。青龙山共分九段，因此也称九节青龙山。盘龙寺就建在龙头后的第二节。寺庙之西是八仙石中的耧头石。耧是农民播种用的农具，耧头是耧上装种子的漏斗，每年春耕秋播，人们都要到耧头石前烧香磕头，祈求丰收。寺东有薛梭书写的“山界”字迹。每当夏秋之际，百溪汇来，山前湖水荡漾，碧波涟涟，成群的野鸭嬉戏水中，一派静谧的江南景色；而山脚陡峭的悬崖下，则是飞湍流瀑，浪花四溅，似万马奔腾。

王淑佺府南墙（2016 年）　　王焕尧　摄

大事纪略

始祖迁发冀州土，惺惺母子石屋寒。
披荆斩棘理荒秽，农穑诗书继世传。

◉ 4000 多年前李家疃村就有人类居住

1987 年，李家疃村西岗子出土一批红陶鬶足、鬶把、纺轮等器物残片。经文物专家考证，这批文物属于龙山文化时期，证明距今 4000 多年前李家疃村就有人类居住。

◉ 元大德年间唐氏最早迁入李家疃村

唐姓始祖唐克明在元大德年间（1297—1307）迁居李家疃村，成为最早定居李家疃村的家族，现仍存有唐家石屋遗址。其后，曹氏于明洪武二年（1369）自河北枣强迁入李家疃村。

◉ 明初王氏始祖迁入李家疃村

王氏家族始祖王三老于明洪武三年（1370）自河北枣强迁入李家疃村。后又有张、赵、孙、朱、史、邓、刘、郑、卢、高、姜、尹等姓相继迁入，安家落户，繁衍生息。王氏后世子孙经商致富后，在村中大兴土木，置地建屋，历经数代，建成规模宏大的王氏大庄园，当代仍保存完好的部分即李家疃村明清建筑群。

◉ 清咸丰年间李家疃村修筑圩墙

19 世纪中期，战乱频生，百姓不得安宁。清咸丰三年（1853），王悦衡被辛庄、王洞、青野、砚硫、张庄、台头 6 个村庄的百姓推举为团练首领，训练团练，并修筑圩墙。该圩墙于咸丰九年（1859）建成，高 8 米，底宽 6 米，顶宽 4 米，长 2452.7 米。用灰土夯实而成，用土方量为 49054 立方米。圩墙上面可以行车走人。在圩墙东西南北设有四门。东门为豹文门，西门为迎凤门，南门为青阳门，北门为白云门。四门皆呈拱形，均用方子石砌成。圩墙上设 4 个炮台，四门上各配备红衣大炮，城墙内各户院院相通。此圩墙防御能力极强，修筑完工后，王村、尹家庄、西铺、苏李等地村民纷纷到此避乱。

李家疃村圩墙遗址（2016 年）　　王焕尧　摄

◉ 民国年间王焕奎等人创立五音戏班

五音戏原名肘鼓子戏。据李家疃村老人介绍，清嘉庆年间（1796—1820）肘鼓子戏就已传入本村。村民王焕奎生于清光绪十五年（1889），其父是戏剧爱好者，但非戏班的正式演员。王焕奎受其父的影响，自幼学戏，1915 年前后，自立门户，牵头成立戏班，徒弟有四五十人，后成为西路五音戏的主要创始人之一。受其影响，李家疃村一直有唱五音戏的传统。

◉ 1953 年李家疃村被命名为“第一模范村”

1953 年 7 月，李家疃村积极进行土地改革，村民分到属于自己的土地；村领导积极发动适龄青年参加中国人民解放军，组织村民为抗美援朝捐款、捐物。因各项工作成绩显著，被淄川县人民政府命名为“第一模范村”。

◉ 1962 年修成青龙山水库

1960 年，为了有效利用青阳河水，灌溉农田，李家疃村在位于村北青阳河与青龙山之间，截青阳河水修建青龙山水库，于 1962 年建成。水库大坝南北横跨青阳河，北接青龙山，南连村北高地，总长 80 米，高 8 米，顶宽 5 米。动用土石方 3200 立方米。总库容量 2.1 万立方米，兴利库容 1.2 万立方米，汇水面积 12 平方千米，最大水深 6 米。系李家疃村最大的水库。

◉ 2010 年李家疃村被评为“中国历史文化名村”

李家疃村三山拱秀，溪水环绕，保存着较为完整的明清建筑群。明清建筑群占地 4 公顷，有古民居 400 间，以东西大街、南北大街为轴线，构成“品”字形三大宅区，集古圩墙、古树、古楼、古井、古石桥、古屋、古巷、古券门、古墓碑、古拴马桩、古石磨、古石碾、古庙宇于一体。整个建筑群布局之工、结构之巧、装饰之美、文化内涵之深，为江北古民居建筑罕见，集中反映出明清时代民居的建筑风格和工艺水平，具有很高的历史研究价值。1997 年，武亚元古建筑群被淄博市人民政府公布为市级重点文物保护单位。2006 年 6 月，李家疃明清建筑群被淄博市人民政府公布为市级重点文物保护单位。2008 年 9 月，李家疃明清建筑群被淄博市人民政府公布为淄博市古建筑近现代优秀建筑和纪念性建筑。2010 年 7 月，李家疃村被住房城乡建设部、国家文物局授予“中国历史文化名村”称号。

◉ 2012 年李家疃村被评为“中国传统村落”

李家疃村地处齐文化核心区，具有浓郁的耕读文化、礼孝文化、齐文化、瓷器文化、民俗文化，是齐文化的重要传承地和展示地。有保存完好的四合院。现存 3 座二层楼房，建筑凝练，类似碉楼。群落房屋宽敞高大，造型美观。建筑所用木料考究，房顶用精致瓦和兽形瓦装饰。木雕、石刻、砖雕工艺精巧，与文物古迹相得益彰，集中反映出明清时代民居的建筑风格和工艺水平，具有独特的历史艺术价值。建筑布局严整，体现了民间朴素的审美价值，具有较高的民俗价值。2012 年 12 月，李家疃村被住房城乡建设部、文化部、财政部评为第一批“中国传统村落”。

◉ 2016 年李家疃乡村记忆博物馆建成

李家疃乡村记忆博物馆位于村北牌坊东侧，占地面积 1300 平方米。2015 年 10 月开工建设，2016 年 9 月建成，博物馆主展厅设有村落的记忆、家族的记忆、创业的记忆、人生的记忆、文化的记忆五个单元，通过实物、展板、实景重现的形式展示中国历史文化名村李家疃的发展历程。

李家疃村街景一角（2016 年） 王焕尧 摄

附录

李家疃村村规民约

总 纲

为加强社会主义精神文明建设和物质文明建设，进一步落实中共十七大会议精神，全面落实科学发展观，以建设富强文明和谐的现代化新周村为目标，促进我村经济飞速发展，加快提高村民的生活水平和生活质量，确保精神文明和物质文明双丰收，早日把我村建设成名副其实的社会主义新农村，经村“两委”召开全体村民代表大会研究通过，制定此“村规民约”。

第一章 组织观念

第一条 村规民约经全体党员和村民代表大会研究制定通过，是我村的法律法规，全体村民必须认真学习，坚决执行。

第二条 村“两委”是上级党委政府在农村的基层领导组织，是代表政府传达、贯彻、学习、落实党在农村的各项政策法律法规和带领村民发家致富的领导组织，全体村民必须坚决拥护。

第三条 全体村民要积极拥护村“两委”的各项工作，小局服从大局，个人服从集体。个人利益与集体利益发生冲突时，必须服从集体的整体利益。

第二章　经济工作

第四条　集体在旧村改造以及开发其他项目过程中，村民要积极配合支持村“两委”的工作。

第五条　在各项建设开发的项目中，如牵扯村民利益，村“两委”均召开党员和村民代表大会研究讨论出统一方案，村民必须按照统一方案执行，任何个人不得提出无理要求，影响村委会工作的进展，否则后果自负。

第六条　集体在经济建设中为了照顾村民，让部分村民负责供应建设所需的有关材料（如沙、水泥、砖、钢材等）及部分工程（如刷墙、铝合金等），所应支付款项由村基建处根据工程进度及资金运作情况、分期分批支付。任何个人不得因资金问题到村委会办公室寻衅滋事，更不允许到政府有关部门上访，否则造成的影响可根据村规民约中的处罚条例执行，所造成的后果自负。

第三章　社会治安

第七条　每个村民都要学法、知法、守法，自觉维护法律的权威和尊严，同一切犯罪行为、邪教组织做斗争。

第八条　村民之间应团结友爱，和睦相处，不准打架斗殴，更不准酗酒滋事，严禁侮辱他人，造谣惑众，拨弄是非。

第九条　为了共同构建和谐社会，确保村里治安，村民如有意见和问题，必须按照先由本联系户的党员、村民代表协调解决，解决不了的由党员、村民代表反映到村“两委”，最后由村“两委”领导出面解决的次序处理。不经村“两委”同意，任何个人或团体不得越级上访，如造成社会影响，后果自负。

第四章　村民生产生活

第十条　不准在村内院内乱建房屋，以免影响旧村改造工程的进展。

第十一条　根据中央有关文件规定，村民的承包田一律不准毁田造林和乱建房屋，否则一切后果自负。

第十二条　村民用水用电必须先办手续，任何村民不准擅自安装水电设施，严禁偷水偷电。村里的自来水只用作生活用水，不准浇地、浇菜，更不准用作建筑用水。自来水阀门要随时关闭，不准让水随意淌到大街上。

第五章　户口管理

第十三条　认真遵守户口管理规定。出生、死亡要及时申报和注销，避免户口管理混乱。

第十四条　自 2005 年 4 月 27 日起，凡是原非农业人口的人将户口迁入本村，不享受村民的一切福利待遇。

第十五条　本村房屋对外出租或转让的，房主必须首先到村委会办理有关手续，并对居住户进行教育，让他们自觉遵守村委会的有关规定，否则将给予停水停电处理。

第十六条　男（女）方是李家疃村村民，家属是非农业人口，生小孩户口落在李家疃村的，小孩可享受村民待遇，但其家属不享受村民待遇。

第十七条　享受村民待遇的村民，无论何种理由，一旦户口迁出，其享受的待遇也随之取消。

第十八条　凡来村落户不享受村民待遇的，只有选举人民代表的权利，不参加村的换届选举。

第十九条　租房、买房居住的外来人员，必须按照有关规定交纳水费、卫生费。

第六章　村风民俗

第二十条　提倡社会主义精神文明，移风易俗，反对搞封建迷信活动、邪教组织及其他不文明行为，树立良好的社会风尚。

第二十一条　喜事新办，不铺张浪费。为了减轻村民负担，凡是村民订婚、结婚，村委会尽最大能力使用村里现有车辆免费为村民服务，不再向外单位租借车辆，以免给村民造成不应有的浪费。

第二十二条　丧事简办。凡村民家的白公事由村红白理事会出面操办，直系亲属只戴孝章，一律不再穿孝服、孝鞋。出殡前只开追悼会向遗体告别。

第七章　计划生育

第二十三条　计划生育是中国的基本国策，人人都要自觉遵守。

第二十四条　每个村民都必须自觉做到计划生育，晚婚晚育，少生优育；育龄妇女都要严格遵守计划生育管理的有关政策。

第八章　尊老爱幼

第二十五条　尊老爱幼是中华民族的传统美德，人人都要继承发扬。

第二十六条　每个公民都有赡养父母、抚养子女的义务。对个别不赡养老人并造成社会影响的，可按村规民约中的有关规定处罚，后果自负。

第二十七条 不准虐待儿童，尤其是残疾儿童。继子女和收养的子女不准使其辍学，必须保证每个学生都完成九年制义务教育。

第九章 干部、党员、村民代表

第二十八条 包组的村干部一定要与各包组的党小组长以及村民代表小组长密切配合好工作。所包组的村民如有违反村规民约的，包组干部及小组长也应负有一定的责任，并可视情节轻重按照村规民约的有关条例进行处罚。

第二十九条 党员更应积极支持村“两委”的工作，时时处处起到模范带头作用，村“两委”安排的各项工作都应积极配合完成。

第三十条 无论党员还是村民代表，如有违犯村规民约且教育不改的，均视情节严重情况进行处理：对党员，给予警告、记过、除名处分（报党委批准）；对村民代表，经村民代表大会研究通过取消其代表资格，并按村规民约的有关处罚条例进行处罚。

第十章 处 罚

第三十一条 以上条例不论党员、村民代表还是全体村民都要认真学习，坚决执行，自觉维护村规民约的严肃性。

第三十二条 凡是李家疃村村民，无论任何人如有违犯上述条例，均视情节轻重分别给予停水、停电，取消其村民享受的一切福利待遇（包括学生免费乘汽车上学）。

以上村规民约经村民代表大会通过，自2008年1月1日执行，原村规民约随之作废。

李家疃村关于申请历史文化名村保护规划的请示

周村区人民政府：

李家疃村古建筑群，是山东保存较为完整的明清古建筑群落，为市级重点文物保护单位。有约300多间的民用建筑土制青板瓦房。整个古建筑群布局之工、结构之巧、装饰之美、文化内涵之深，为江北古民居建筑之罕见。

我村决定以李家疃中心街为界，以西为历史文化名村保护规划的核心保护区，共占地6.80公顷，对其实施保护。保护好李家疃村的山水风貌格局，对李家疃村的山系、水系、社会文化风貌和景观视线走廊进行保护。对李家疃村进行合理建设，保护好历史文化名村的文化资源，发挥资源优势。因此，特申请历史文化名村保护规划。

妥否，请批示。

李家疃村村民委员会

2009 年 9 月 21 日

李家疃村历史文物保护规划

为推动李家疃村发展，塑造李家疃村的新形象，抢救、挖掘历史文化遗产，继承和发扬历史文化内涵，指导李家疃村历史文化遗产保护工作的全面开展，在保持村庄经济发展的同时，增强人文特色，实现可持续发展，特制订本规划。

一、指导思想

全面贯彻文物工作“保护为主、抢救第一、合理利用、加强管理”的方针，坚持保护历史文化遗产的历史真实性、传统风貌的完整性和保持生活的延续性，遵循历史文化遗产保护优先的原则，正确处理好保护与开发的关系，维护村庄的传统特征，尊重历史、传统和文化，提高李家疃村历史文化保护区的知名度，促进李家疃村经济的持续、协调、健康发展。

二、规划依据

本规划是依据《中华人民共和国城市规划法》《中华人民共和国文物保护法》《文物保护条例》等国家、地方有关城市规划、文物保护等相关的法律、法规、规范、文件等编制而成。

三、规划期限

2009—2020 年。

四、规划范围

一是西门街、牌坊街以及南北大街等街段文物保护建筑，其实体边线以外 10 米以内为重点保护范围，20 米以内为一般保护范围，30 米以内为建设控制地带；二是整个李家疃村辖域内的历史名胜古迹和非物质文化遗产。

五、规划原则

本规划是遵循历史文化遗产保护优先的原则，保护历史真实载体的原则，合理利用、永续利用的原则编制的。

六、规划目标

保护的总体目标为：在现有历史遗产得到及时抢救并永续保存的前提下，深度挖掘历史文化内涵，弘扬传统文化，实现历史文化遗产保护与新村建设的同步和协调。

七、保护内容

李家疃村明清建筑群已被列入市级重点文物保护单位。文物单位的保护和修缮，必须将文物单位建筑修缮与环境整治和改善相结合，景点保护与街区保护相结合。同时注意考古调查、勘探和发掘。

保护的重点是：李家疃村明清建筑群历史文化风貌与格局，具有历史、科学、艺术价值的古迹以及具有地方特色的各类非物质文化遗产。

在李家疃村辖域内，下列文物受保护：

（一）“九门一庄”；

（二）武亚元府；

（三）武解元府；

（四）古楼；

（五）明清街巷；

（六）舞狮、踩高跷、抬芯子；

（七）李家疃大集；

（八）五音戏；

（九）传说；

（十）古迹；

（十一）现保存的古石器、碑刻、墓刻、古砖瓦等文物；

（十二）其他有历史、艺术科学价值的文化遗产。

八、文物保护办法

（一）贯彻“保护为主、抢救第一、合理利用、加强管理”的方针，李家疃村村委会成立文物保护办公室和管护人员进行保护管理。

（二）李家疃村将文物保护事业纳入财务预算。

（三）编制专门的历史文化名村保护规划，并纳入村庄建设规划。

（四）对文化遗产的原地保护、拆迁、拆除所需费用，由建设单位列入建设工程预算。

（五）有计划地修复重点文物建筑。对于近期内修复有困难的古迹、遗址，在设立文物保护标志的同时，要保留其用地，控制周边的建设。文物保护要与利用相结合，做好整治和利用规划，清理整治环境，建设成新的旅游景点。

（六）在文物保护单位的保护范围内不得进行其他建设工程或者爆破、钻探、挖掘等作业。因特殊情况需要在文物保护单位保护的范围内进行其他建设的，必须保证文物的安全，并经核定公布报李家疃村村委会批准，在批准前应当征得上级主管部门的同意。

（七）在文物保护单位的保护范围内和建设控制范围内，不得建设污染文物保护单位及环境的设施，不得进行可能影响文物安全及其环境的活动。

（八）文物保护单位的修缮、迁移、重建，由取得文物保护工程资质证书的单位承担。对不可移动文物进行修缮、保养、迁移，必须遵守不改变文物原状的原则。

（九）凡因进行基本建设和生产建设需要的考古调查、勘探、发掘，所需费用列入建设工程预算。

（十）在进行建设工程或在农业生产中，任何单位或个人发现文物，应当立即保护现场，报告当地文物行政部门，由文物行政部门处理。

李家疃村历史文物保护办法

第一条 为了加强对李家疃村辖域内文物的保护，继承和发扬中华民族优秀的历史文化遗产，促进科学研究，建设社会主义精神文明和物质文明，建设和谐社会主义新农村，根据《中华人民共和国文物保护法》，建设部、文化部《历史文化名镇、名村管理办法》以及《国务院关于加强文化遗产管理的通知》精神，特制定本办法。

第二条 在李家疃村辖域内，下列文物受到重点保护：

“四大门”、“五大门”、武亚元府、青砖古楼、古街巷、古井等文物古迹及其他有历史、艺术、科学价值的文化遗产。

第三条 本办法贯彻“保护为主、抢救第一、合理利用、加强管理”的方针，村委会成立文物保护办公室和管护人员进行保护管理。

第四条 李家疃村辖区内所有历史建筑和文物古迹受法律保护，不容侵犯。

第五条 属于集体所有和私人所有的纪念建筑物、古建筑和祖传文物以及依法取得的其他文物，其所有权受法律保护。文物的所有者必须遵守国家有关文物和古迹保护的法律、法规规定。

第六条 村委会将文物保护事业纳入村财务预算。

第七条 文物和古迹是不可再生的文化资源。加强文物保护的科学研究，提高文物保护的科学技术水平。

第八条 制订李家疃村历史文化遗产保护规划，并纳入总体规划。

第九条 在文物保护单位的保护范围内不得进行其他建设工程或者爆破、钻探、挖掘等作业。因特殊情况需要在文物保护单位保护的范围内进行其他建设的，必须保证文物的安全，并经核定公布报李家疃村村委会批准，在批准前应当征得区级以上文物管理和建设行政管理部门的同意。

第十条 在文物保护单位的保护范围内和建设控制范围内，不得建设污染文物保护单位及环境的设施，不得进行可能影响文物安全及其环境的活动。

第十一条 文物保护单位的修缮、迁移、重建，由取得文物保护工程资质证书的单位承担。对不可移动文物进行修缮、保养、迁移，必须遵守不改变文物原状的原则。

第十二条 凡因进行基本建设和生产建设需要的考古调查、勘探、发掘，所需费用纳入建设工程预算。

第十三条 在工程建设或农业生产中，任何单位或个人发现文物，应当立即保护现场，报告当地文物行政管理部门，由文物行政管理部门处理。

第十四条 违反本办法有关规定者，由文物保护管理机构予以制止、批评、教育、改正，情节严重的移送司法部门处理。

第十五条 本办法由李家疃村村委会负责实施并认真执行。

第十六条 本办法自公布之日起施行，与上级有关文件规定不一致的按上级有关规定执行。

李家疃村历史文物保护措施

为加大历史文化遗产保护，使古建筑保存原貌、保持特色、修旧如旧，特制定本保护措施：

保护规定

对古建筑登记造册，划定保护范围，专人管理。

凡登记整理过的文史资料、物品，均应妥善保管，严禁私自贩卖、破坏古文物的行为。

严禁一切乱批乱建房屋行为，对现有历史建筑，未经许可，不得拆毁、改建。

保护区域内所有建筑设施确需改动或修建的，均需书面请示，经村委会审查同意并依法申报上级历史文物管理部门，批准后方可实施。

修缮规定

古建筑的修缮遵循“保持原貌、修旧如旧”的原则，修缮后的建筑应具备原有的建筑风格。

修缮采用一处一报、单处单修的办法，保证局部建筑的独特性和完整性。

修缮报告应及时、准确。

环保规定

保护区域内严禁乱扔废弃物，严禁乱排污水、乱倒垃圾、乱堆乱放杂物。

居民院内饲养家禽家畜要上槽、上圈、上笼，室内外卫生经常打扫，保持庭院清洁卫生。

保护区内居民要牢固树立文明意识，对游客举止文明、热情服务，树立自身良好形象。

严禁在古建筑物上乱涂乱画，严禁在保护区内搞封建迷信活动，严禁乱丢乱弃脏乱物品。

淄博市周村区王村镇李家疃村保护发展规划

（2013 年 9 月 30 日）

1. 村落概况

1.1 自然概况

1.1.1 地理位置

李家疃村位于淄博市周村区王村镇境内，西与章丘市接壤，是淄博市的西大门。309 国道从村北穿过。

1.1.2 地形地貌

李家疃三山拱秀，溪水环绕。称为远三山，近三山，内三山。远三山即北有白云山，西有胡山，南有四鸡山。近三山即青龙山、凤凰山、豹山。内三山即村内三个花园中的人造假山。溪水即青阳河水与豹山溪水。

1.1.3 气候条件

……

1.2 社会经济条件

李家疃村全域总面积约200公顷，耕地56.67公顷，共302户、854人。2012年，村集体经济收入150万元，村民人均纯收入约1万元。

1.3 周边旅游资源

李家疃村处于济南和淄博两大旅游城市之间，周边旅游资源丰富。有趵突泉、百脉泉、朱家峪、周村古商城、蒲松龄故居、齐都古车馆等知名景点，有利于区域联动，构筑旅游网络。

2. 村落特征

2.1 现状布局

李家疃村地势南高北低，东高西低。村东南为豹山和农林用地，村西为青阳河和农林用地，村南为耐火材料厂等工矿用地，村北309国道北侧主要为工业用地，居住建筑用地集中在309国道南侧。李家疃依山傍河，山水村路，自然与人和谐统一，构成了淄博市西大门的秀丽景观。

李家疃村落以中心大街为界，西部主要为明清建筑群和少部分二十世纪八九十年代的民居建筑；东部均为解放后的现代居住建筑。现村委会位于村庄南部，卫生室和农村信用社位于村庄北部、中心大街两侧。

西部明清建筑群以王家大庄园为主体，主要有“九门一庄”等古建筑。传统街巷主要有牌坊街、南北大街、酒店胡同、盐店胡同、西门街等。

2.2 村落整体风貌

李家疃村是一个花园式村庄，在村南村北各有一处花园。古村落仿济南城建筑，以南北大街为中轴线，四门不对，街道犬牙交错。村中设有酒店、盐店、当铺，形成了各具特色的街道。最具代表性的是王氏家族兴盛时期规划建设的王氏大庄园，以东西大街、南北大街为轴线，构成“品”字形三大宅区。

2.3 建筑物布局及单体特征

李家疃明清建筑群规划设计以山西建筑特色为主，采纳江南风格，规划宏伟，外有城墙，内有青砖楼房。有保存完好的四合院。现存3座二层楼房，建筑凝练，类似碉楼。

群落房屋宽敞高大，造型美观。建筑所用木料考究，房顶用精致瓦和兽形瓦装饰。木雕、石刻、砖雕工艺精巧，与文物古迹相得益彰，集中反映出明清时代民居的建筑风格和工艺水平，具有独特的历史艺术价值。

3. 村落历史与价值特色评价

3.1 历史沿革与村落演变

3.1.1 历史沿革

李家疃历史上属济南府淄川县，始建于汉代，淄川县志及村碑记载该村“李姓最早定居故名李家疃”。王姓于明洪武三年（1370）迁入李家疃定居，后又有他姓相继迁入。自明洪武以来640余年间，李家疃与王氏家族有六个发展阶段。

3.1.2 村落演变

汉代，李姓最早定居李家疃。

明洪武三年（1370）王姓迁入李家疃定居，后又有他姓相继迁入，李家疃初具规模。

清代李家疃以庙子沟（今中心大街西）为界分为东、西两部分，西部为王氏大庄园，东部为佃户村（又名太平庄）。

解放后，特别是20世纪80年代后李家疃村再次快速发展，村庄内部危旧房屋得以翻建，并向周边均有扩展。

90年代建设了东部12座二层楼房。

2000年以后村落向东继续扩张，新建了5座四层居民楼房，共安置村民120户，形成以东部新村为居住中心的格局。

3.2 价值特色评价框架

规划按照整体和专项相结合、物质与非物质并重的原则对李家疃村的自然与历史文化遗产资源进行价值评价。主要包括三个方面：整体价值特色、物质文化遗产价值特色及非物质文化遗产价值特色。

其中，物质文化遗产价值评价包括整体格局（自然环境、山水格局、村落布局）、传统街巷、文物与历史建筑、历史环境要素价值评价四方面。

非物质文化遗产价值评价包括口头传说和表述，民俗活动和礼仪、节庆，民间传统知识和实践，传统的手工艺技能以及与上述传统文化形式相关的文化空间价值评价五方面。

3.3 村落价值特色评价

3.3.1 村落特色总述

李家疃村是江北庄园式明清建筑群，其特色可概括为：

（1）比较理想的山水形制。

（2）中轴对称的村落格局。

（3）独具特色的建筑形式。

（4）一脉相承的宗族体系。

3.3.2 历史价值

具有极高的建筑史学价值和显著的地方特色，因战争部分损毁的武亚元府和因吸食鸦片导致败落的武解元府旧址等都是历史的真实见证。

3.3.3 艺术价值

建筑布局严整，体现了民间朴素的审美价值，具有较高的民俗价值。木雕、石刻工艺与文物古迹相得益彰，具有独特的建筑艺术价值。

3.3.4 科学价值

是山东保存较为完整的明清建筑群，为研究这一时期的建筑提供了不可多得的实物例证。

3.3.5 文化内涵

李家疃村地处齐文化核心区，具有浓郁的耕读文化、礼孝文化、齐文化、瓷器文化、民俗文化，是齐文化的重要传承地和展示地。

4. 保护现状及存在问题

4.1 保护现状

4.1.1 文物古迹保护现状

武亚元古建筑群于 1997 年被淄博市人民政府公布为市级重点文物保护单位，李家疃明清建筑群于 2006 年被淄博市人民政府公布为市级重点文物保护单位。核心保护区为中心街以西明清建筑群，占地面积 4 公顷，现存明清时期房屋 400 余间。

4.1.2 道路交通现状

中心大街为主要的车行道，古村落内部街巷如牌坊街、南北大街、盐店胡同、西门街等街道走向和脉络肌理基本保留了原貌，主要街巷已硬化，但宽度较窄，酒店胡同不足两米，区内没有社会停车场。

李家疃村文化遗产保护要素一览表

表 3

物质文化遗产要素	山水格局	豹山、青龙山、青阳河
	传统街巷	南门街、北门街、西门街、东门街、牌坊街、当铺街、南北大街、酒店胡同、花园街、东崖头街
	文物保护单位（市级）	武亚元古建筑群、李家疃明清建筑群
	历史建筑	核心保护区内除文物保护单位以外的传统建筑
	特色构筑	圩墙、城门、古井、石碾、石磨、上马石、旗杆底座、拴马桩、习武石、太湖石、青砖雕塑、石碑、古墓石刻、南牌坊、北牌坊等
	古树	怀隐园内流苏树一棵（200 余年历史）
	其他	青阳河畔唐家石屋、马道地、清代瓷器等
非物质文化遗产要素	民间艺术文化	五音戏、舞狮、踩高跷、抬芯子、扭秧歌等
	民间传说	青龙山、豹山的传说
	其他	李家疃村大集

4.1.3 基础设施现状

目前新村内基础设施较为齐全，但古村内缺乏污水、雨水处理系统及消防等必要的基础设施，存在重要的安全隐患。

4.2 存在问题

4.2.1 缺乏规划，新建建筑破坏古村风貌

4.2.3 大部分古建筑破损严重，急需保护

4.2.3 道路交通组织不畅，存在安全隐患

4.2.4 基础设施落后，制约保护发展

5. 规划总则

5.1 规划背景

李家疃村是中国历史文化名村，古村内明清建筑群规模宏大，整体风貌完整，价值特色突出。为有效保护李家疃古村宝贵的文化与自然遗产及其历史环境，按照新农村建设的要求，在保护的基础上促进村庄经济与社会的和谐发展，特制订本规划。

5.2 规划依据

《中华人民共和国城乡规划法》（2008 年）、《中华人民共和国文物保护法》（2002 年）、《中华人民共和国文物保护法实施条例》（2003 年）、《历史文化名城保护规划规范》

（2005 年）、《历史文化名城名镇名村保护条例》（2008 年）、《中国历史文化名镇（名村）评价指标体系》（2007 年）、《周村区王村镇总体规划（2007—2020 年）》及其他有关法规、规章、技术标准、技术规范。

5.3 规划范围

本次保护规划的范围为李家疃村村域范围，约 2 平方千米，其中重点规划区为李家疃村庄建设区，面积约 22 公顷。

5.4 规划期限

本保护规划期限为 2013—2030 年。近期为 2013—2015 年，中期为 2016—2020 年，远期为 2021—2030 年。

5.5 规划原则

规划贯彻执行“保护为主、抢救第一、合理利用、加强管理”的文物工作方针，尤其要注重濒临破坏的历史实物遗存的抢救和保护，努力实现历史文化遗产的永续保存和合理利用，充分发挥其特有的作用。

5.5.1 历史真实性原则

……

5.5.2 完整性原则

……

5.5.3 物质与非物质文化遗产整体保护原则

……

5.5.4 近远期相结合原则

……

5.5.5 合理利用原则

……

5.6 规划目标

通过保护规划和村庄建设相关规划，加强对李家疃村整体历史环境、明清建筑群重点核心区和重点历史建筑的保护，使李家疃村同时满足中国历史文化名村及社会主义新农村规划的要求，突出其“文化性、民俗性、时代性”，成为“历史人文特色显著、生态环境优美、生活及旅游服务设施完备、以遗产保护为核心、兼顾旅游发展、体现齐鲁民居文化博览的原生态明清古村落”。

5.7 规划技术路线

……

6. 保护规划框架和保护原则

6.1 保护规划框架

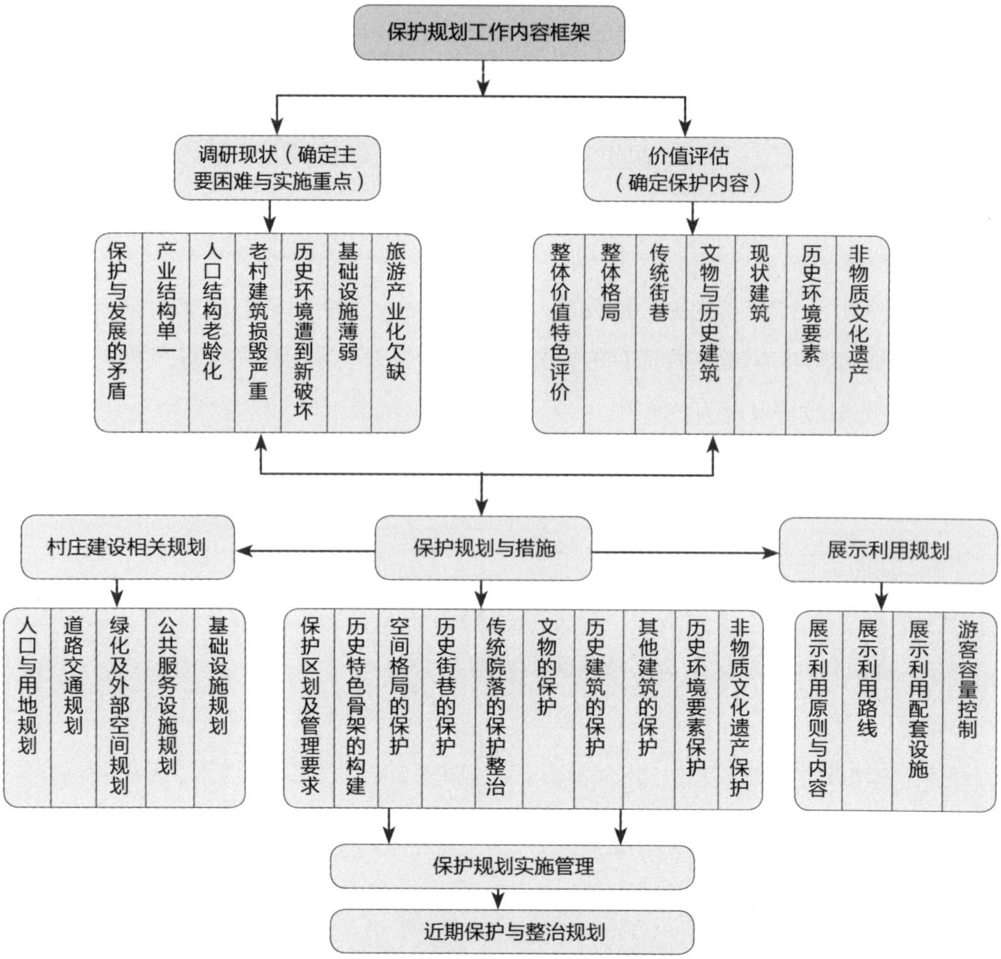

图 1　李家疃村保护规划总体框架图

6.1.1 保护规划总体框架

总体层次保护：划定核心保护区保护范围，提出用地控制指标和控制要求。

详细层次保护：提出重点地段整治方案，梳理街巷空间，布局各类市政工程设施和公共设施，初步估算投资。

建筑设计层次保护：对典型院落进行方案设计，提出构建保护及整治措施。

6.1.2 保护规划总体布局

通过点、线、面三个层次空间上的相互联系，将能够反映历史文化以及景观特征的元素整合在一起，构建传统空间格局。

（1）点：标志性历史建筑。如李家疃明清建筑群（历史建筑文物保护单位建筑面积3.15万平方米、明清代房屋300余间）等文物古迹；唐家石屋、南牌坊、北牌坊、圩墙、福侯碑、关帝庙等历史建筑；豹山、青龙山、青阳河、怀隐园、流苏古树等环境要素。

（2）线：牌坊街、南北大街、酒店胡同、西门街等传统街巷。

（3）面：古村落所在区域。

6.2 保护规划原则

合理划定保护区划，并提出不同保护措施；保护物质文化遗产与非物质文化遗产并重；注重保护历史文化遗存的历史真实性及其环境风貌的整体性；保护规划要突出保护重点，对文物古迹、环境以及具有传统风貌的街区予以重点保护。合理控制古村居住人数，保持古村生活环境。

7. 保护区划及保护要求

7.1 保护区划

规划区域划分为核心保护区、建设控制地带和环境协调区。

7.1.1 核心保护区范围

将李家疃中心街以西古村化入核心保护区范围，包括李家疃明清建筑群、传统街巷、其他建筑物、构筑物等。具体范围：北至怀隐园北侧东西路、王夙刚府北侧，西至武亚元府西侧南北路，南至村委会北侧东西路，东至中心街。面积约4公顷。

7.1.2 建设控制地带范围

将李家疃村除核心保护区范围以外的所有可建设用地范围划为建设控制地带。具体范围：北至309国道，西至西门，南至南圩墙，东至村东南北路。面积约13公顷。

7.1.3 环境协调区范围

规划将李家疃村域划为环境协调区。面积约200公顷。

7.1.4 文物保护单位保护范围

……

7.2 保护管理要求

7.2.1 核心保护区保护要求

核心保护区内的明清古建筑、传统民居、构筑物不得随意改建或重建，各种修建须在建设部门及文管部门等有关部门严格审批下进行，其建设活动应以维修、整理、修复及内部更新为主。重点明清建筑群应重点修缮复原。区内已新建的不符合传统风貌特色的建筑物和构筑物，必须搬迁和拆除。传统街巷、两侧建筑物应保持原有的空间尺度和比例关系，道路宽度不能随意改变；地面铺装应恢复古村传统特色，采用本地石材或青砖铺砌，保持原有街巷建筑立面的连续性。

7.2.2 建设控制地带保护要求

控制的内容包括用地和建筑性质、建筑高度、体量、形态及风格等。新建筑高度原则上不超过 2 层，高度控制为 8 米。建设控制地带的建筑风貌要与保护区的建筑风貌相协调。

7.2.3 环境协调区保护要求

重点保护青龙山、豹山、青阳河自然环境与绿化景观。对环境协调区内青阳河畔唐家石屋、青龙山、扒头崖子、长山行、马道地等现存历史遗迹应按照相关规定进行严格保护。

7.2.4 文物保护单位保护要求

划定保护范围，制定保护措施，强调保护文物本体的历史真实信息，严格控制保护范围内建筑环境风貌的完整性。提出文物保护要求。

8. 村落空间格局和整体风貌保护规划

8.1 村落空间格局的保护

对李家疃古村传统格局和历史风貌进行整体保护，主要包括自然环境保护、传统街巷、建筑高度、院落的保护与整治等方面，重点保护中心街以西核心保护区内的明清建筑群，建筑群内有包括“四大门”、“五大门”、武亚元府在内的多处明清历史建筑。

8.2 传统街巷的保护

严格保护南北大街、西门街、酒店胡同、盐店胡同、牌坊街及其他传统街巷的走向与基本形态。对街巷铺装材料、沿街建筑形式、建筑材料、建筑色彩等提出保护要求。

8.3 传统院落的保护与整治

根据对院落的风貌质量、所处位置和周边环境的综合评价分析，对古村内现状院落提出分类的整治与更新模式，包括三类：保留、整治改造和重建。

8.4 历史环境要素的保护

李家疃村历史环境要素包括古井、石碾、石磨、圩墙、城门、牌坊遗迹、牌坊残石、上马石、旗杆底座、拴马桩、习武石、太湖石、青砖雕塑、残缺石碑、古墓石刻等。对这些能体现李家疃村传统特色和典型特征的构筑物和环境要素，规划提出保护措施。

9. 核心保护区建筑保护规划

9.1 建筑风貌评定

根据李家疃古村核心保护区内的建筑的传统历史文化背景、建筑空间布局与形态、建筑形式，对其传统风貌和历史文化价值进行评定，规划将核心保护区建筑风貌分为以下三类：

一类，指保存完整或基本完整，具有一定历史、科学、艺术价值，能够反映历史风貌和地方特色的建筑，基本为明清时期和解放前建造的建筑。

二类，指古村中与历史建筑风貌无冲突的建筑物，主要指解放后的建筑。

三类，指近年建造的与传统风貌不协调的建筑，还有一些质量较差、大部分已坍塌的建筑。

9.2 建筑质量评定

根据建筑的结构、建造年代以及保存状况，将建筑质量分为以下三类：

一类，指部分保存良好的传统建筑和 20 世纪 80 年代以后建造的砖混结构的建筑，这部分建筑主体结构完好，质量普遍较好。

二类，指建筑局部遭到破坏，但不影响建筑整体外观和质量，这部分建筑主体结构一般，建筑质量一般。

三类，指建筑结构遭到较大破坏的建筑以及一些简易的屋棚，这部分建筑质量较差。

9.3 建筑分类

参照《历史文化名镇名村保护规划编制办法（草案）》，根据古村的风貌特点和现状整体遗存的具体情况，综合考虑建筑主体的价值、建成年代、风貌特色，以及与整体风貌的协调状况等因素，遵循保持历史信息与传统风貌完整性的原则，将核心保护区范围内建筑物、构筑物分为五类：文物保护单位、历史建筑、一般传统风貌建筑、与传统协调建筑、与传统不协调建筑。

9.4 建筑保护原则

保护建筑历史信息的真实性和建筑风貌的完整性；建筑单体保护和整体环境保护并重；保护延续原有建筑风貌；统一规划与分期实施相结合。

9.5 建筑保护措施

根据对核心保护区建筑风貌、建筑质量、建造年代的分析和评价，将各类建筑分为保护、改善、重建、保留、整饬、拆除 6 大类；根据不同的对象、不同的保护等级和不同的现状情况采取不同的保护与改造措施。

9.6 建筑修缮准则

制定本房屋风貌修缮准则，以确保保护区房屋修缮按照规划进行，达到住用安全、设施较完善，体现李家疃村的历史文化特色。

10. 村庄建设规划

10.1 人口布局规划

规划到 2030 年村庄人口控制在 900 人以内，其中中心街以东居住约 800 人，中心街以西古村内居住约 100 人。

10.2 空间管制规划

10.2.1 管制原则

规划按照“全面控制、分类管理、突出重点”的原则，对李家疃村域范围的重要资源进行全面控制，划定不同的管制区域，实施分类管制措施，重点加强对居住密集区的空间管制。

10.2.2 村域空间管制分区及措施

将整个村域空间划分为禁建区、限建区、适建区和已建区四种管制分区。

（1）禁建区。

包括基本农田、河流水域、历史文化名村的核心保护范围、文物保护单位保护范围等地区。

（2）限建区。

包括一般农田、林地、历史文化名村的建设控制地带、文物保护单位的建设控制地带等地区。

（3）已建区。

是指已有的村庄建设用地。

（4）适建区。

是指除上述三种分区以外的可以进行建设的地区。

10.3 产业发展规划

10.3.1 产业发展策略

鼓励发展生态农业、旅游文化产业和文化创意产业，引导发展农产品和旅游小商品业，禁止非生态友好型产业进入，限制非文化创意类型产业进入。

10.3.2 产业规划内容

结合青阳河建设林果种植区、观光农业采摘园和休闲垂钓区。适当发展农产品和旅游小商品加工业。大力发展第三产业，强力推进农村旅游服务业发展。

规划李家疃打造四大景区：历史风貌古建筑核心区、青龙山王家林风景区、青阳河岸生态农业观光区、豹山风景区。

充分发挥李家疃历史文化名村的文化底蕴，结合戒毒所，建立学生教育基地；建立影视艺术创作基地。

10.4 用地布局规划

10.4.1 用地布局结构

李家疃村用地布局要体现时代性、文化性和民俗性，规划主要向东发展，总体布局结构为“一带、一环、两片”式。

一带：中心街公共服务及绿化景观带；

一环：青阳河绿化—309 国道防护绿地—村东林地—村南林地组成环村绿带；

两片：西部历史文化名村保护片、东部村民安置片。

10.4.2 用地布局规划

西部历史文化名村保护片为中心街以西区域，包括核心保护区和建设控制地带，共约 6.8 公顷。规划核心保护区形成“一环、四街、四府、四园”的形式。一环即构建环状步行线路，四街即牌坊街、南北大街、酒店胡同、西门街四条主要传统街巷，四府即王淑佺府、武亚元府、王悦循府、王夙刚府四座格局保存完整的古建筑院落，四园即与四府相邻的四座花园。规划保留村委会，对村委会内建筑进行整治，使其与古村氛围相协调。

东部村民安置片为中心街以东区域，约 6 公顷。规划保留现有低层（一至二层）住宅区和已建 5 座四层楼房，在东部新建五栋四层住宅楼（占地 1.3 公顷），可安置 120 户，多层住宅楼建筑风格、建筑色调须与古村氛围相协调。

中心街东侧沿街住宅近期保留现状，远期改造为仿古商业街，为古村旅游配套服务，仿古商业街占地面积 0.5 公顷，建筑层数为一至二层，建筑形式、建筑色调、建筑高度须与古村明清建筑氛围相协调。

规划保留村庄南部街头绿地，远期在其北部改建一处文化广场，作为全村的文化娱乐和公共活动中心，占地面积约 0.8 公顷。文化广场以东区域远期改建为山东传统民居文化博览园，作为传统民居文化展示场所和游客服务中心，占地面积约 0.8 公顷，建筑层数为二至三层，建筑形式、建筑色调、建筑高度须与古村明清建筑氛围相协调。

10.5 道路交通规划

10.5.1 道路系统规划

保持古村内部传统路网格局，同时考虑到消防通道的要求，对古村周围的局部路段进行改造，便于居民日常用车及消防、救护等车辆的通行。

道路红线宽度控制在 6 米以上，其中主要道路红线 15 ～ 20 米，次要道路红线 10 ～ 12 米，支路红线 6 ～ 9 米。中心街以西古村巷道内主要为步行旅游街，主要街巷的道路设计应满足紧急情况机动车行，宽度不宜小于 4 米。

10.5.2 公共停车场规划

规划在村庄北部入口处、旅游服务中心东侧设置两处公共停车场。

10.5.3 传统街巷规划

保护传统街巷格局、风貌，保持现有的街巷界面，对主要街巷破损的部分应考虑予以修复。街巷两侧不符合传统风貌的建筑必须加以整治，无法通过改造满足传统风貌的应予以重建。古村街道铺设应保持传统形式和材料，采用当地石板、青砖等材质，呈自然式铺砌。

10.6 绿地景观规划

10.6.1 大环境绿化

加强对豹山的山体整治和植被恢复，加强青阳河两岸的绿化建设和生态景观控制，村庄其他外围设置 30 ～ 100 米不等的环村绿化带。

10.6.2 防护绿地

规划在 309 国道南侧设置 30 ～ 40 米的防护绿化，其他主要道路两侧各设置 3 ～ 5 米不等的绿化带。

10.6.3 公园绿地

规划沿中心街西侧设置 15 米宽的公共绿地，将村北入口广场、村中健身广场和村南绿化广场连在一起。

10.6.4 景观规划

李家疃村历史文化核心保护区为主要景观区，包括三大家族宅区、景点群、门户景观三大部分，其中三大家族宅区指明清建筑群以西门大街、南北大街为轴线，构成“品”字形三大宅区，分别为王介禟宅区、王介禧宅区、王介祊宅区；景点群指以“四大门”为主的古建筑群、以“五大门”为主的古建筑群、以文石山庄为主的古建筑群、以武亚元府为主的古建筑群。门户景观指规划村庄北侧的出入口处为重要的门户景观。规划整治修复怀隐园，重点保护流苏树。恢复文石园。结合四座主要古建筑院落，拆除建筑风貌严重不协调的院落建设四个花园，形成连通主要古建筑群落的绿化景观环和步行游览廊道。

10.7 基础设施规划

10.7.1 给水规划

供水水源地为山东生建八三厂水厂。

10.7.2 排水规划

规划区采用雨污分流制排水体制，扩建村庄东北部现状污水处理站。雨水就近排入青阳河。

10.7.3 供电规划

规划供电电源为山东生建八三厂 6 千伏配电线路，经村庄变电箱转 380 伏低压入户。

10.7.4 电信规划

电信管线包含电话、电视及宽带，线路采用地下敷设。设置邮政服务网点。

10.7.5 供热规划

规划采用电加热、天然气壁挂炉等分户采暖技术。

10.7.6 燃气规划

规划东部多层住宅燃气气源为天然气，管道沿 309 国道南侧接入。

10.8 环卫设施规划

10.8.1 垃圾处理

主要街巷按 80 米间距设置标准垃圾箱，规划在村东北角设置一处小型垃圾中转站。

10.8.2 公共厕所

规划在村庄北部和南部结合停车场与公共服务区建设冲水式公厕 2 座。

10.9 综合防灾规划

10.9.1 消防规划

坚持预防为主、消防结合的原则，核心保护区内的电力架空线改为地埋，室内电力线路应包绝缘套管；鼓励恢复和采用传统消防设施，逐步配置小型家用消防装备。组建民众防灾组织，构建起综合立体的防灾应急体系。

合理设计消防通道和交通组织，设置消防车通道和交通组织，设置消防车通道宽度不小于 4 米；按规划设置消火栓，间距不超过 120 米，核心保护区内不超过 80 米；开辟一定的消防应急通道。

10.9.2 防洪排涝规划

李家疃村的防洪标准按照 50 年一遇规划，排涝标准按照 20 年一遇规划。

10.9.3 抗震规划

规划李家疃村抗震设防烈度为 7 度。

11. 非物质文化遗产的保护与传承

11.1 传统文化保护内容

五音戏、舞狮、踩高跷、抬芯子、扭秧歌等。

11.2 保护原则

发掘、整理与传承并重的原则；重视保护原有历史环境，提供展示场所；专业人员培训与公众参与相结合的原则。

11.3 保护措施

设立非物质文化遗产名录，对具有历史意义的表演项目、手工艺术、饮食业文化代表登记造册，并拍摄成影像资料存档。建立专项民俗保护和展示场所。组织传统节庆活动，定期举办民间文化艺术节。确定“非遗”代表性传人。通过多种手段加强对非物质文化遗产的展示、宣传。

12. 展示利用规划

12.1 旅游规划目标

遵循“合理保护、适度开发”的原则，以文物建筑和古迹为重点，突出历史文化要素，系统全面地展示李家疃村明清建筑群的历史发展、文化变迁和现实生活，展现北方传统四合院民居特色。

12.2 展示与利用规划

12.2.1 展示利用内容

李家疃村文物保护单位、历史建筑、历史环境要素、重要文化空间、非物质文化遗产及其网络列为展示内容。

12.2.2 展示路线组织

线路 1：古村历史文化体验游线

线路 2：风景名胜特色观赏游线

12.2.3 展示设施规划

设立旅游接待中心及公厕、停车、休憩等服务设施。在村东南新建一处传统民居文化博览园，作为传统民居、民俗文化和传统艺术的重要展示载体。结合中心街东侧传统商业街规划传统手工艺品、小型民俗餐饮等服务设施。

12.2.4 展示要求

……

13. 近期保护规划

13.1 分期保护规划

13.1.1 近期规划

近期重点对破损严重的古建筑进行保护，优先修缮文物保护单位以及优秀历史建筑，整治对村庄整体风貌影响较大的建筑。

（1）完善古村落保护区内的基础设施，配合进行古村落保护区的街巷整治和修缮，整治古村落保护区周边环境，改善脏、乱、差区域，营造优美的生活环境。

（2）完善各级历史建筑的分类，明确并区分文物保护单位、文物建筑、历史建筑、传统建筑和一般建筑。

（3）完善历史建筑标识系统、旅游标识系统设施，满足未来旅游发展的需要。

（4）完善核心保护区内传统街巷的沿街立面整治工作。

（5）维修核心保护区内历史建筑院落破损的门楼、厦檐、外墙等。

（6）对重要的非物质历史文化资源进行收集、整理和展示。

（7）试点改造老宅院的居住条件，如改造卫生设施和灶台设施，改善采光条件，探索现代生活方式与传统民居相融合的途径。

（8）实施电路改造、自来水改造，完善消防系统。

13.1.2 中期规划

（1）各级文物保护单位得到科学展示和合理利用，周边环境与之协调一致。

（2）全面修缮、整治历史建筑，修缮或恢复重点建筑中被改造的门窗、栅栏、栏杆等构件。

（3）推广老宅院的改造工程，提高居民居住质量，创造宜人的居住环境。

（4）建设旅游接待设施，完善村庄公共服务设施、市政设施以及绿化环境建设。

（5）全面整治核心保护区内的新建筑，特别是整治、拆除大体量、贴瓷砖的建筑，改善古村落的传统风貌，使得新建筑和古村落形成良好的融合关系。

（6）推进有关古村落文化建设，印刷、出版相关的专著、论文集、资料汇编等，适时召开古村落的文化研究会议。

（7）增加古村落四周的绿化，改善四周环境，美化古村落的景观。

13.1.3 远期规划

（1）古村落历史风貌得到全面保护，文物古迹保护和环境整治进入良性循环阶段。

（2）对古建筑进行经常性保护维修。

（3）继续绿化古村落四周，提升古村落的周边环境质量。

（4）继续完善各类公共设施建设。

（5）整治建设控制区内和传统风貌不协调的建筑。

（6）继续进行古村落的文化建设，积极促进旅游发展。

13.2 近期保护整治项目与措施

13.2.1 近期保护整治项目

近期保护重点为核心保护范围内的明清建筑群。具体保护整治项目包括：建档与挂牌，文物保护单位、历史建筑尤其是濒危传统建筑与院落的保护与修复，对重要历史街巷进行铺装，恢复传统风貌。加强水、电等基础设施建设，完善公共厕所和垃圾箱等环卫设施，结合主要传统街巷和传统建筑院落设置消防设施。

13.2.2 近期保护实施对策

加强文物保护制度和保护机构建设；设立专项保护基金；加强宣传，提高保护意识；保护优先，合理适度利用；提供有力的专业技术支撑。

14. 规划实施保障措施

14.1 规划实施总体策略

……

14.2 规划实施管理监督体系

……

14.3 规划实施管理人员

……

14.4 管理规章制度

……

14.5 日常管理

……

李家疃村红白理事会章程

一、性质

李家疃村红白理事会是在李家疃村党支部、村民委员会的领导下，为村民红白事服务的群众性组织。

二、宗旨

积极维护村民利益，开展移风易俗、红白事简办活动，打破清规戒律，杜绝大操大办，反对铺张浪费，避免村民之间在红白事上互相攀比而造成的不良现象发生，为社会主义精神文明建设做出贡献。

三、组成人员

会　长：邓永荣

副会长：史道林

成　员：王荣顺　邓建华　王光禄　王锦顺

四、管理细则

1. 凡居住在本村的村民，如有红白事时，户主必须主动上报村红白理事会。

2. 户主与红白理事会进行协商，遵照红白理事会的安排，不准擅自处理一切事务。

3. 红白理事会应严格执行村委会所指定的“五统一”（统一领导、统一时间、统一形式、统一标准、统一安排)、"六不准"(不准土葬、不准请吹鼓手、不准披麻戴孝、不准路祭、不准大摆宴席、不准搞一切封建迷信活动)制度及一切规定。

4. 时间安排：红喜事 1 天，白丧事 2 天，火化时间由红白理事会根据当时实际情况临时决定。

5. 骨灰掩埋地点：根据丧主情况，埋在本村公墓内。

6. 凡交纳人情者，本村一律不请、不谢，外地亲友以"谢帖"代替。个别情况由当事人自己处理。

五、执行规定

本章程自公布之日起执行，希望广大村民严格遵守本规定，使我村彻底铲除"陈规陋习"，在精神文明中再上新台阶。

李家疃村党支部、村民委员会

2013 年 2 月 21 日

◉ 编纂始末

《中国名村志丛书·李家疃村志》(以下简称《村志》)的编纂始于 2016 年 11 月，从拟定篇目、参加中国名村志文化工程篇目论证会暨编纂业务培训班到最后公开出版，前后历经一年的时间，终成正果。李家疃村党支部、村民委员会高度重视《村志》的编纂工作，专门成立山东省淄博市周村区王村镇李家疃村志编纂委员会，并对编志工作给予人力、财力保证。

《村志》的编写始终坚持“名”与“特”的原则，李家疃村曾隶属于淄川、周村两个区县，为此编写人员先后到淄博市档案馆、淄川区档案馆、淄川区史志办公室、周村区档案馆、周村区史志办公室查找资料，为编写《村志》奠定了基础。

《村志》力求客观真实地反映李家疃村的历史概貌，编写人员坚持实事求是的原则，对把握不准、史料不清、记载模糊的内容，尽最大努力进行调查了解和考证，不给历史留下缺憾，不给子孙以误导。在语言表述上，既严格按照志书写作要求，又做到文笔清新、通俗易懂。《村志》有别于传统志书形式，采取图文并茂的方式，力求新颖耐读，向世人展现一幅古香古色的村庄美丽画卷。

《村志》的编纂得到山东省地方史志办公室、淄博市地方史志办公室、周村区史志办公室和王村镇党委、政府领导的关怀和支持。在编写过程中，江苏省昆山市地方志办公室副局级干部徐秋明，淄博市地方史志办公室主任毕建国、副主任徐杰、史志科科长郭延志、年鉴科副主任科员马震刚，周村区史志办公室原主任吴卓春、主任仇勃在篇目设计、撰写志稿和修改完善等方面给予了辅导，并对稿件进行了把关；邓永荣在古村保护、村级经济方面提供了文字材料；史道林在古建筑修缮、旅游开发方面供了文字材料；王荣亨在村古建筑、王氏家族方面提供了文字材料；彭延遂在王氏家族家风家教方面给予了鼎力支持；王荣元在古建筑石雕、砖雕、木雕方面提供了第一手资料；王荣勇在焦宝石产业开发、生产方面搜集了第一手资料；王荣昌、王荣涛、王光和、王光清在“八门一府一园”的建筑规模、衍变方面提供了资料，在此一并致谢。

因本书中所选照片及诗词文章众多，部分作品未能在出版前及时联系到著作权人，请著作权人看到后与我们联系，我们将奉上稿酬。

编　者

2017 年 11 月